信用組合役員の職務執行の手引き

〜知っておきたい権限と責任〜

弁護士
岸本 寛之 著

はしがき

　本書は、信用組合の役員の方やこれから役員に就任される方に向けて、役員や理事会等の役割、そして、役員の権限・責任等をまとめたものです。

　信用組合役員の権限・責任の規定は、中小企業等協同組合法、協同組合による金融事業に関する法律、そして会社法（一部銀行法も）と多岐にわたり、求められるガバナンスの水準も年々高まっています。

　しかしながら、世の中には、信用組合に焦点を当てた解説書が少ないために、会社法や信用金庫法の解説を参照しながら現場での対応に当たられている例もあると伺いました。

　本書の存在が、信用組合の役員の方、これから役員になられる方にとって、役員に関する法律知識を理解するための一助になりましたら幸いです。

　最後に、本書の刊行に向けて、現場の疑問点など多くのご助言をくださいました方々、そして本書執筆の機会をくださいました経済法令研究会の地切修様に、この場を借りて厚くお礼申し上げます。

2018年3月

弁護士　岸本寛之

目　　次

第1章　理事・監事の権限と義務

I　理事・監事の役割と権限

1 信用組合の役員 …………………………………………………………… 2
　1　理事 …………………………………………………………………… 2
　2　監事 …………………………………………………………………… 2
2 理事の権限等 ……………………………………………………………… 3
　1　理事の役割と権限 …………………………………………………… 3
　2　代表理事 ……………………………………………………………… 5
　3　員内理事・員外理事 ………………………………………………… 7
　4　職員出身者以外の理事 ……………………………………………… 9
3 監事の権限等 ……………………………………………………………… 10
　1　監事の役割 …………………………………………………………… 10
　2　監事の権限 …………………………………………………………… 11
4 員外監事・員内監事 ……………………………………………………… 17
　1　員外監事とは（「員外要件」）………………………………………… 17
　2　員外監事の選任義務 ………………………………………………… 18
　3　員外監事制度の趣旨（員外理事との違い）………………………… 19
　4　員内監事とは ………………………………………………………… 19
　5　員内監事・員外監事の権限および義務 …………………………… 20

5 常勤監事··21
　1 常勤監事··21
　2 常勤監事の選定義務···22
　3 常勤監事の権限および義務···22

Ⅱ 役員の義務

1 信用組合と役員の法的関係··24
2 委任関係から生じる義務··24
　1 役員の善管注意義務··24
　2 理事の忠実義務··25
3 善管注意義務・忠実義務の具体的規定①—代表理事等の兼職・兼業制限、監事の兼任禁止義務···26
　1 代表理事等の兼職または兼業の制限（協金法5条の2第1項）······26
　2 監事の兼任禁止（中企法37条1項）··28
　3 競業行為を行う者の理事就任の禁止（中企法37条2項）··················29
4 善管注意義務・忠実義務の具体的規定②—理事の自己取引等の制限義務······32
　1 利益相反取引の規制··32
　2 利益相反取引制限の趣旨と承認不要の取引····································35
　3 監事と信用組合との取引···37
5 善管注意義務・忠実義務の具体的規定③—総(代)会の出席・説明義務······37
　1 総(代)会における説明義務···37
　2 説明義務の免除··37
　3 説明内容が守秘義務違反・名誉棄損等に当たる場合·······················38
6 理事のその他の職務上の義務···38
　1 理事会の出席義務··38
　2 信用組合の業務執行の決定義務··39
　3 理事会の内外での監督義務···39

4　計算書類等の作成、備置きおよび閲覧等……………………………41
7　監事のその他の職務上の義務……………………………………………43
　　1　業務監査権……………………………………………………………43
　　2　会計監査権……………………………………………………………46
　　3　監事の地位強化のための権限………………………………………47
　　4　信用組合代表権限……………………………………………………48
　　5　理事の責任免除に関する議案提出等の同意権（中企法38条の2第7項・9項、会社法426条2項・427条3項）………………………………48

第2章　理事の選出・終任、報酬等の決定等

I　理事の選出手続等

1　理事の定数……………………………………………………………………50
　　1　理事の定数の定め方……………………………………………………50
　　2　「理事の定数」＝「選任された理事の員数」……………………………51
　　3　選任しなければならない員内理事の員数……………………………53
　　4　理事の定数を欠いた場合………………………………………………54
2　資格制限……………………………………………………………………55
　　1　法律上の欠格事由………………………………………………………55
　　2　定款による資格制限……………………………………………………57
　　3　員外理事の員数制限……………………………………………………57
　　4　兼職等の制限・競業禁止………………………………………………57
3　理事の任期…………………………………………………………………58
　　1　理事の任期………………………………………………………………58
　　2　総(代)会終結時までの任期の伸長……………………………………59

- 4 理事の選出手続等……………………………………………………59
  - 1 理事の選出手続………………………………………………59
  - 2 創立当初の理事の選出………………………………………60
  - 3 理事変更の届出………………………………………………60

Ⅱ 理事の終任

- 1 理事の終任……………………………………………………………61
  - 1 理事の終任事由………………………………………………61
  - 2 退任届出………………………………………………………61
- 2 理事の辞任……………………………………………………………62
  - 1 理事の辞任できる時期………………………………………62
  - 2 辞任の方法……………………………………………………62
- 3 理事の解任手続………………………………………………………63
  - 1 組合員による役員改選請求…………………………………63
  - 2 内閣総理大臣による理事の解任命令………………………65
- 4 理事欠員の対応………………………………………………………66
  - 1 理事の補充……………………………………………………66
  - 2 欠員を生じた場合の措置……………………………………68

Ⅲ 理事の報酬等の決定手続

- 1 理事の報酬等の決定…………………………………………………70
- 2 定款の定めまたは総(代)会の決議による決定……………………70
- 3 実際の決定方法………………………………………………………71
- 4 報酬等を定める際の必要事項………………………………………71
- 5 総(代)会の決議で定める場合………………………………………71

Ⅳ 代表理事の選定・解職、その他の手続

1 代表理事の選定・解職手続 …………………………………………………72
 1 代表理事の選定手続 ………………………………………………………72
 2 代表理事の解職 ……………………………………………………………73
2 代表理事の辞任 ………………………………………………………………74
 1 代表理事の辞任できる時期 ………………………………………………74
 2 辞任の方法 …………………………………………………………………75
3 代表理事の選任・退任等の届出・登記 ……………………………………75

第3章　監事の選出・終任、報酬等の決定等

Ⅰ 監事の選出手続等

1 監事の定数 ……………………………………………………………………78
 1 監事の定数の定め方 ………………………………………………………78
 2 「監事の定数」=「選任された監事の員数」………………………………79
 3 特定信用組合における常勤監事の選定 …………………………………79
 4 監事の定数を欠いた場合 …………………………………………………79
2 資格制限 ………………………………………………………………………80
 1 法律上の欠格事由 …………………………………………………………80
 2 員外監事の「員外要件」……………………………………………………82
 3 常勤監事の「常勤要件」と兼職または兼業の制限 ……………………82
 4 兼任の禁止 …………………………………………………………………83
3 監事の任期 ……………………………………………………………………83

	1	監事の任期…………………………………………………………83
	2	総(代)会終結時までの任期の伸長………………………………84
4	監事の選出手続等……………………………………………………85	
	1	監事の選出手続………………………………………………………85
	2	創立当初の監事の選出………………………………………………85
	3	監事変更の届出………………………………………………………86
	4	監事の選任についての意見陳述権…………………………………86
	5	特定信用組合の監事選任の同意権・請求権………………………86

Ⅱ　監事の終任

1　監事の終任…………………………………………………………………88
　1　監事の終任事由……………………………………………………………88
　2　退任届出……………………………………………………………………88
2　監事の辞任…………………………………………………………………89
　1　辞任の手続…………………………………………………………………89
　2　辞任監事の総(代)会出席・辞任理由等の陳述権………………………89
　3　監事の辞任についての意見陳述権………………………………………90
3　監事の解任手続……………………………………………………………90
　1　組合員による役員改選請求………………………………………………90
　2　内閣総理大臣による監事の解任命令……………………………………92
4　監事欠員の対応……………………………………………………………92
　1　監事の補充…………………………………………………………………92
　2　欠員を生じた場合の措置…………………………………………………93

Ⅲ　監事の報酬等の決定手続

1　報酬等の決議方法…………………………………………………………95

2 定款の定めや総(代)会の決議がない場合……………………………95
3 報酬等についての意見陳述……………………………………………96

第4章　理事会

Ⅰ 理事会の役割

1 理事会……………………………………………………………………98
2 理事会の権限……………………………………………………………98
  1 信用組合の業務執行の決定………………………………………98
  2 理事の職務執行の監督……………………………………………102
  3 代表理事の選定および解職………………………………………103
  4 理事と信用組合間の取引（利益相反取引）の承認……………104
  5 監事の監査を受けた計算書類等の承認…………………………107

Ⅱ 理事会の手続等

1 理事会の招集手続………………………………………………………108
  1 開催頻度……………………………………………………………108
  2 招集の流れ…………………………………………………………108
  3 開催日時・場所……………………………………………………110
2 理事会の運営……………………………………………………………110
  1 定足数………………………………………………………………110
  2 議事進行……………………………………………………………111
  3 報告事項……………………………………………………………113
  4 決議方法……………………………………………………………114

	5	監事の出席	118
	6	議事録の作成・備置き・閲覧請求対応	118

第5章　その他の機関等

I　会計監査人

1　会計監査人とは ……………………………………………………………126
2　会計監査人設置義務 ………………………………………………………126
3　会計監査人の資格等と選任・終任等 ……………………………………127
 1　会計監査人の資格等 ……………………………………………………127
 2　会計監査人の選任 ………………………………………………………128
 3　会計監査人の任期・終任 ………………………………………………128
 4　会計監査人の選任・退任の届出 ………………………………………130
4　会計監査人の報酬決定 ……………………………………………………130
5　会計監査人の権限および義務 ……………………………………………131
 1　会計監査人の地位 ………………………………………………………131
 2　計算書類等の監査権限、会計監査報告書作成義務 …………………131
 3　会計帳簿等の閲覧謄写・報告請求・財産状況等の調査権限 ………131
 4　理事の不正報告義務 ……………………………………………………132
 5　総(代)会出席・意見陳述権 ……………………………………………132
6　その他、会計監査人の責任 ………………………………………………132
 1　善管注意義務 ……………………………………………………………132
 2　任務懈怠の際の責任 ……………………………………………………133
 3　会計報告の虚偽記載 ……………………………………………………133

Ⅱ 常務会等の組織

1 常務会制度の意義……………………………………………………134
2 常務会の構成メンバー………………………………………………135
3 運営について…………………………………………………………136

Ⅲ 監事会

1 監事会制度……………………………………………………………137
2 監事会の構成メンバー………………………………………………138
3 運営について…………………………………………………………138

Ⅳ 執行役員制度

1 執行役員制度の意義…………………………………………………139
　1　役員と執行役員との違い…………………………………………139
　2　執行役員制度創設の経緯…………………………………………139
2 執行役員の選任方法・権限等………………………………………140
　1　執行役員の選任方法………………………………………………140
　2　執行役員の権限・地位……………………………………………140

Ⅴ 顧問・参事・会計主任

1 顧問・参事・会計主任の意義………………………………………142
　1　顧問（中企法43条）………………………………………………142
　2　参事（中企法44条1項・2項）…………………………………142
　3　会計主任（中企法44条1項）……………………………………143

2 顧問・参事・会計主任の選任・解任…………………………………………143
　1　選任手続…………………………………………………………………143
　2　解任の可否………………………………………………………………143
　3　組合員からの参事・会計主任の解任請求……………………………144
　4　参事の就任・退任の届出………………………………………………144

第6章　役員の責任

Ⅰ　役員の権限と責任の関係

Ⅱ　役員が負う可能性のある法的責任の種類

1　民事責任……………………………………………………………………………148
2　刑事責任……………………………………………………………………………149
　1　刑事責任…………………………………………………………………149
　2　信用組合の業務に関連する刑法犯……………………………………149
　3　有罪になった場合の就業制限…………………………………………150
3　その他の責任等……………………………………………………………………151

Ⅲ　理事の責任

1　理事の責任…………………………………………………………………………152
　1　責任の類型………………………………………………………………152
　2　類型ごとの責任が生じる要件…………………………………………161
　3　信用組合に対する責任…………………………………………………163

4　第三者に対する責任……………………………………………………164
  5　理事の行為の差止請求…………………………………………………165
 2　連帯責任……………………………………………………………………165

Ⅳ　監事の責任

 1　信用組合に対する責任……………………………………………………167
  1　信用組合に対する損害賠償責任………………………………………167
  2　責任消滅期間……………………………………………………………167
  3　監事に対する責任追及…………………………………………………167
 2　第三者に対する責任………………………………………………………168
  1　第三者に対する損害賠償責任…………………………………………168
  2　監査報告の虚偽記載等…………………………………………………168
  3　責任消滅期間……………………………………………………………169
 3　連帯責任……………………………………………………………………169

Ⅴ　役員の責任限定

 1　役員の責任免除……………………………………………………………170
 2　総(代)会の決議による責任の一部免除…………………………………171
  1　責任を一部免除するための手続………………………………………171
  2　退職慰労金の支払についての総(代)会の承認………………………174
  3　連帯責任を負う役員の一部の者に対してその免除があった場合に他の役員について生じる効果……………………………………………175
 3　理事会の決議による役員の責任の一部免除に関する定款の定め……175
  1　理事会決議による責任免除規定の趣旨………………………………175
  2　責任を一部免除するための手続………………………………………175
  3　最低責任限度額（中企法38条の2第9項・5項、会社法426条1項）…177

(15)

4　退職慰労金の支払についての総(代)会の承認（中企法38条の2第9項・8項、会社法426条8項）………………………………………………………177
4　責任限定契約に基づく役員の責任免除…………………………………177
　　1　責任限定契約の趣旨……………………………………………………177
　　2　責任を限定するための手続……………………………………………178
　　3　退職慰労金の支払についての総(代)会の承認（中企法38条の2第9項・第8項、会社法427条5項）……………………………………………179
　　4　員内理事就任時の責任限定契約の効力………………………………179
5　信用組合による役員賠償責任保険の保険料負担………………………179
　　1　普通保険約款部分………………………………………………………180
　　2　代表訴訟担保特約部分…………………………………………………180

VI　不祥事発生時の危機管理対応

1　不祥事とは……………………………………………………………………182
　　1　「不祥事件」の届出義務…………………………………………………182
　　2　上記以外の不祥事………………………………………………………183
2　不祥事対応の心構え…………………………………………………………184
3　初期対応………………………………………………………………………185
　　1　初　動……………………………………………………………………185
　　2　方針決定・体制の確立…………………………………………………186
4　本格調査の実施………………………………………………………………186
　　1　客観的証拠の収集………………………………………………………186
　　2　関係者からの事情聴取…………………………………………………187
　　3　その他の情報収集方法…………………………………………………187
5　調査委員会の設置の検討・手続…………………………………………188
6　関与した役職員の責任追及・人事処分……………………………………189
7　再発防止策の策定……………………………………………………………189

		1	意識改革	189
		2	業務分掌・職務権限の明確化	190
		3	業績評価・人事制度の見直し	190
		4	監査体制の強化	190
		5	内部通報制度の充実・強化	190
	8	公表・広報対応		191
	9	個人情報・マイナンバー漏えい対応		192
		1	情報漏えい事案	192
		2	情報漏えいにおける責任	193
		3	個人情報・マイナンバーが漏えいした場合	193

Ⅶ 組合員代表訴訟

1	組合員代表訴訟制度		197
	1	組合員代表訴訟の意義	197
	2	組合員代表訴訟の手続	198
	3	代表訴訟の和解	199
	4	代表訴訟の判決	200
2	組合員から提訴請求を受けた場合の信用組合の対応		201
	1	提訴請求対応のスケジュールの目安	201
	2	提訴請求受領後の具体的な対応	202
3	組合員代表訴訟における信用組合の関わり		208
	1	共同訴訟参加・補助参加	208
	2	信用組合が補助参加するための要件	208
	3	理事会議事録の閲覧・謄写請求等	208
4	提訴された役員の対応		209
	1	弁護士の選任	209
	2	担保提供の申立	209

Ⅷ 責任が問われる具体的場面とその留意点

1 業務の執行に関する責任……………………………………………………211
 1 融資実行における理事の責任…………………………………………211
 2 資金支出についての理事の責任………………………………………220
 3 融資についての金融機関の責任………………………………………222
 4 不適切な金融商品の勧誘・販売………………………………………224
 5 所管事業の報告・説明の不履行………………………………………226
 6 信用組合の破綻…………………………………………………………228
2 内部統制上の責任……………………………………………………………229
 1 反社会的勢力との取引…………………………………………………229
 2 顧客情報の漏えい………………………………………………………233
 3 労務対応…………………………………………………………………236
3 監督・監査上の責任…………………………………………………………241
 1 他の理事の不正行為の監視義務………………………………………241
 2 監事の任務懈怠…………………………………………………………243

第7章 その他の重要事項

Ⅰ 反社会的勢力への対応

1 反社会的勢力対応の流れ……………………………………………………248
 1 反社会的勢力対応の法的義務化………………………………………248
 2 反社会的勢力との関係遮断のための内部統制システム構築………249
2 反社会的勢力との関係におけるリスク……………………………………249

1　反社会的勢力の判断………………………………………………249
　　2　反社会的勢力と関係を断つリスク・継続するリスク……………250
　3　反社会的勢力との関係遮断のための対応策……………………………251
　　1　反社会的勢力の定義・範囲………………………………………251
　　2　取引の未然防止……………………………………………………255
　　3　事後チェックと内部管理…………………………………………262
　　4　反社会的勢力との取引発覚後の事後対応………………………264

Ⅱ　信用組合子会社に対する監督責任

1　子会社のリスク管理・不祥事防止体制の整備……………………………266
2　理事の子会社に対する監督責任……………………………………………266

Ⅲ　決算スケジュール等

1　決算後に行わなければならない計算書類等の作成等……………………269
　　1　計算書類等の作成…………………………………………………269
　　2　計算書類等の監査（特定信用組合以外の信用組合）…………269
　　3　特定信用組合の場合の計算書類等の監査………………………272
　　4　計算書類等の理事会承認、総(代)会招集通知時の提供………275
　　5　理事の計算書類等の総(代)会への提出等義務…………………275
　　6　計算書類等の総(代)会での承認・報告義務……………………276
　　7　事業報告の内容の総(代)会での報告義務………………………276
　　8　会計監査人の意見陳述権…………………………………………276
　　9　計算書類等の備置き義務…………………………………………277
　　10　計算書類等の閲覧請求に応ずる義務……………………………277
2　具体的な決算スケジュール…………………………………………………278

◆判例索引……………………………………………………………285

> ■■Column■■
> 「選定・解職」と「選任・解任」の違い（6）
> 監事の業務監査の範囲（13）
> 名目的な員外監事の責任（20）
> 「業務の執行」と「職務の執行」（22）
> 「常務に従事する役員（常務従事役員）」とは（26）
> 理事と総代の兼任の適否（31）
> 通常総(代)会が開催できない場合の役員の任期（59）
> 総代会制度における解任請求の要件（63）
> 総(代)会決議による理事解任の可否の検討（消極）（65）
> 「規程」・「規定」・「規約」の違い（111）
> 総(代)会議事録の原本証明文言（122）
> 信用組合理事の注意義務と銀行取締役の注意義務（155）
> 最低責任限度額の算定式（173）
> 信用組合の組合員の子法人役員に対する責任追及（267）
> 特定理事と特定監事（271）
> 日数の数え方（283）

■参考文献■

朝倉敬二「新訂　信用組合役員の権限と責任」経済法令研究会2009
一般社団法人全国信用組合中央協会「改訂　役職員必携信用組合の社会的責任とコンプライアンス～業務別事例と解説～」経済法令研究会2016
全国中小企業団体中央会編「第二次改訂版　中小企業等協同組合法逐条解説」第一法規2016
信用組合研究会編「信用組合便覧2015」文唱堂印刷株式会社2016
江頭憲治郎「株式会社法（第7版）」有斐閣2017
岩原紳作編「会社法コンメンタール7―機関（1）」商事法務2013
落合誠一編「会社法コンメンタール8―機関（2）」商事法務2009
岩原紳作編「会社法コンメンタール9―機関（3）」商事法務2014
山田和彦ほか「取締役会付議事項の実務」商事法務2014
三井住友信託銀行証券代行コンサルティング部「株主総会・取締役会・監査役会の議事録作成ガイドブック」商事法務2013
落合誠一監修「業界別・場面別　役員が知っておきたい法的責任」経済法令研究会2014
龍岡資晃監修「経済刑事裁判例に学ぶ　不正予防・対応策―法的・会計的視点から―」経済法令研究会2015
辺見紀男ほか編「同族会社実務大全」清文社2015
森・濱田松本法律事務所「企業危機・不祥事対応の法務」商事法務2014
山口利昭「不正リスク管理・有事対応―経営戦略に活かすリスクマネジメント」有斐閣2014
日本監査役協会株主代表訴訟問題研究会「株主代表訴訟への対応指針―監査役実務の視点から―」2015

法令の略記について

・**中企法**　⇒中小企業等協同組合法
・**中企法施行令**　⇒中小企業等協同組合法施行令
・**中企法施行規則**　⇒中小企業等協同組合法施行規則
・**協金法**　⇒協同組合による金融事業に関する法律
・**協金法施行令**　⇒協同組合による金融事業に関する法律施行令
・**協金法施行規則**　⇒協同組合による金融事業に関する法律施行規則

第1章

理事・監事の権限と義務

I 理事・監事の役割と権限

1 信用組合の役員

　信用協同組合（以下「信用組合」といいます）の役員には、理事と監事がいます（中小企業等協同組合法（以下「中企法」といいます）35条1項）。

1　理　事

　理事とは、組合員からの委任を受けて信用組合の経営を担う、経営の専門家です。

　信用組合は、3名以上の理事を置かなければなりません（中企法35条2項）。

2　監　事

　監事とは、組合員からの委任を受けて理事の職務執行の監査等を行う、監査の専門家です。

　信用組合は、1名以上の監事を置かなければなりません（中企法35条2項）。また、一定の規模以上の信用組合は、2名以上の監事を置く必要があります。さらに、その監事のうち1名以上は、後述

する員外監事でなければなりません（協同組合による金融事業に関する法律（以下「協金法」といいます）5条の3、協金法施行令2条各項、中企法9条の8第2項4号）。

　一定の規模とは、事業年度の開始の時における預金および定期積金の総額（以下「預金等総額」といいます）が50億円以上で、かつ、員外預金比率(注)10％以上の要件を満たす場合です。

(注) 員外預金比率とは、組合員以外の者（国等および配偶者等を除く）の預金または定期金の合計額の割合のことをいいます。

2　理事の権限等

1　理事の役割と権限

(1)　理事の役割

　理事は、理事会という機関の構成メンバーです（中企法36条の5第2項。ただし、理事自身は機関ではありません）。株式会社（取締役会設置会社）の取締役に当たる存在で、協金法でも会社法の取締役に関する規定が準用されています（協金法5条の5）。

　理事には、理事会の構成メンバーとして、自らの専門的な知見をもって理事会での議論・討論に参加し、信用組合の業務執行の決定等の理事会の権限を行使することが期待されます。

(2)　理事の権限

①　理事会への出席権限

　理事には、理事会の構成メンバーとして、理事会に出席する権限

があります（中企法36条の5第2項は「理事会は、すべての理事で組織する。」と定めています）。

② 理事会の意思決定への参加権限

中企法は、信用組合の業務執行の決定を理事会の決議事項と定めています（中企法36条の5第3項）。総(代)会の決議や定款の定めによって理事会に委任された事項（たとえば、事業計画に変更を及ぼさない範囲の収支予算の変更等）等がこれに当たります。また、法が具体的に定めている理事会の専決事項には、以下のものがあります。

 a 代表理事の選定（同法36条の8第1項）
 b 利益相反取引の承認（同法38条1項）
 c 顧問、参事および会計主任の選任（同法43条本文・44条）
 d 総(代)会の招集の決定（同法49条2項・55条6項）
 e 計算書類、事業報告および附属明細書の承認（協金法5条の7第4項）

したがって、理事は、理事会の構成メンバーとして、これらの業務執行の決定に参加する権限を有しているのです。

ただし、理事会で決定された事項の執行は、代表理事により行われますので、一般の理事に業務執行権および代表権はありません。

③ 他の理事の監督権限

信用組合の理事会およびその構成員である理事には、解釈上、代表理事の職務の執行を監督する権限（義務）があるとされています。

中企法は、理事会の権限に「理事の職務の執行の監督」を掲げていませんが（会社法362条2項2号、信用金庫法36条3項2号参照）、監督権限の具体的な定めには、次のような規定があります。

 a 理事会の招集権限（中企法36条の6第6項、会社法366条。

ただし、招集権者が定款または理事会の決議で定められている場合、招集権者以外の理事が招集できるのは、招集権者に招集を請求しても理事会が招集されないときに限られます）
b　理事会での報告義務（協金法5条の5、会社法357条1項）
c　理事会の決議を通じた代表理事の解職（中企法36条の8第1項。条文上は「選定」の権限しか定められていませんが、選定権者には解職権限もあると解するのが通常です。最判平成29・12・18裁判所時報1690号26頁参照）
d　業務執行に関する決定の是正（中企法36条の5第3項）

2　代表理事

(1)　代表理事とは

　代表理事とは、信用組合を代表して、業務に関する一切の裁判上または裁判外の行為をする権限を有する理事のことをいいます（中企法36条の8第2項）。代表理事は、すべての信用組合にとって必要かつ常設の機関です（同条1項）。
　代表理事には、実務上、定款等の定めに基づき、理事長、副理事長、専務理事、常務理事といった肩書きが付けられています。

(2)　代表理事の権限

　代表理事は、法令または定款により他の機関の専決事項になっていない限り、単独で業務執行の意思決定およびその執行を行うことができます（信用組合の日常の業務は、代表理事（のうちの少なくとも1人）に当然に委任されていると推定されます（江頭憲治郎『株式会社法　第7版』414頁参照））。

たとえば、代表理事は、単独で信用組合を代表して、取引先と日常的な契約の内容を決定し、契約を締結することができます。代表理事は、定款または総(代)会の決議で委任を禁止されていない限り、特定の行為の代理を他人に委任することもできます（中企法36条の8第4項）。

　この代表理事の権限には制限を設けることができます。たとえば、一定の金額以上の契約を代表理事が第三者と締結するためには理事会の事前承認を要するようにすることがあり得ます。あるいは、代表理事間の肩書きに応じた権限の差を設けることがあり得ます。

　たとえば、理事長は信用組合の業務を統括する、専務理事は理事長を補佐して業務を執行する、常務理事は理事長および専務理事を補佐して業務を処理するといった区別です。ただし、いずれも、その制限を知らなかった第三者に対しては、当該代表理事に権限がないことをもって無効を主張することはできません（同条3項）。

(3)　**代表理事の選定**

　代表理事は、理事会において、理事の中から選定されます（中企法36条の8第1項）。

　代表理事の人数には制限がなく、複数人いても構いません。複数人選定された場合には、各自がそれぞれ信用組合を代表することになります。

> **Column 「選定・解職」と「選任・解任」の違い**
>
> 　「選定」は特定多数の者の中から選ぶ場合をいいます。理事の中から代表理事を選ぶことは「選定」といいます（参照：中企法36条の8第1項）。そして、「選定」の反対、たとえば、代表理事

から代表権を外して代表権のない理事にすることを「解職」といいます。

「選任」は不特定多数の者の中から選ぶ場合をいいます。理事会で使用人である参事や会計主任を選んで雇用することは「選任」といいます（中企法44条1項参照）。「選任」の反対、たとえば、参事や会計主任の地位を奪うことを「解任」といいます（中企法45条参照）。

3 員内理事・員外理事

(1) 員内理事とは

員内理事とは、組合員または組合員たる法人の役員の地位を有する理事のことをいいます（中企法35条4項参照）。

信用組合は、組合員の相互扶助を目的に、組合員への直接奉仕、組合員間の公平奉仕、政治的中立性を原則として掲げた協同組合組織の金融機関です（同法5条）。

信用組合は、組合制度による協同組合組織として、その業態が主に3つに区分されています。一定の地域内の中小零細事業者や住民のための「地域信用組合」（この中には、在日外国人のための「民族系信用組合」もあります）、医業、青果市場、出版製本等の業種ごとの事業者のための「業域信用組合」、官公庁職員、鉄道会社、新聞社等の従業員のための「職域信用組合」です。

この協同組織性を担保するため、信用組合では、組合員の意思をできる限り反映させることが求められます。

そのため、信用組合では、組合員等の地位を有する員内理事が理事会に一定数以上いることが不可欠とされているのです（同法35条

4項)。

(2) 員外理事とは

　員外理事とは、員内理事ではない理事のことをいいます(組合員理事。中企法施行令21条参照)。

　員外理事は、理事の定数の3分の1まで選任することができます(中企法35条4項)。

　員外理事の選任を一定数認めることによって、組合員以外から幅広く人材を募ることができますので、員外理事の多様な知識を活かした信用組合の経営が期待できるようになります。

　また、員外理事に、信用組合の執行部や組合員から独立した第三者的立場の者を選任すれば、理事会の監督機能が強化され、理事会の代表理事への監督の馴れ合いを防ぐことも期待できるようになります。

(3) 員内理事・員外理事の権限および義務

　員内理事と員外理事には、基本的に権限および義務に差異がありません。ただし、員外理事の場合は、定款に責任限定契約の定めをしていると、信用組合との間で責任限定契約を締結することにより、役員の責任を一定額内に限定することができるようになります(中企法38条の2第9項、会社法427条1項、中企法施行令21条)。

　員外理事の責任を一定範囲に限定することで、員外理事に就任される方の賠償責任に関する不安を除去し、員外役員のなり手の人材確保を図ることが目的です。

4　職員出身者以外の理事

(1)　職員外理事の役割等

　職員出身者以外の理事、いわゆる職員外理事を選任することで、ガバナンス向上と組合員の意見の多面的な反映に努める信用組合が増えています。

　実務では、理事の大半が信用組合業務に精通した職員出身の組合員から選任されています。職員出身理事は、信用組合業務に精通したノウハウと知見を有していますので、理事会を通じて、これらを活かした業務執行の決定等や実効的な職務執行の監督を行うことが期待されます。

　その一方で、職員出身理事が理事会構成員の大半を占めることによる意見の多様性の確保が課題になります。また、職員出身理事は、かつて理事長の指揮命令系統に属していたわけですから、類型的にみて、理事長への実効的な監督が機能しなかったり、職員出身理事間での馴れ合いが生じたりするおそれもあります。

　そこで、経営陣や職員出身理事と一線を置いた立場にある職員出身者以外の者を理事に選任し、経営参画させることで、組合員の意見の多様性を確保し、ガバナンス向上を図ろうとしているのです。

(2)　員外理事と職員外理事との異同

　組合員かどうかで区別される員外理事と職員出身者かどうかで区別される職員外理事は、経営陣と一線を置いた立場にあるという点では共通します。

　員外理事は、組合員以外の多様なバックグラウンドを有した者か

ら広く人材を募ることができる反面、信用組合の協同組織性を損なうことがないよう選任に人数制限がされています(中企法35条4項)。

他方、職員外理事には法律上の規制は何もありません。職員出身者以外の組合員から人材を募れば、組合員の協同組織性の趣旨を維持しながら、組合員の意見の多様性確保も図ることができます。

(3) 職員外理事の権限および義務

職員外理事であっても、他の理事とその権限および義務に差異はありません。ただし、職員外理事が組合員等の資格を有していないのであれば、員外理事として信用組合と責任限定契約を締結することができます(中企法38条の2第9項、会社法427条1項、中企法施行令21条)。

3 監事の権限等

1 監事の役割

監事は、理事の職務執行の監査等を行う機関です(信用組合は、監事の監査の範囲を会計に関するものに限定することはできません。中企法36条の3第4項・6項参照)。

監事は、組合員に代わって、代表理事が適正に職務を遂行しているか、業務の報告が正確に行われているかというチェックを行い、自組合の適正な職務遂行を担保します。

複数の監事が選任されている場合にも各監事がそれぞれ単独でその権限を行使することができます。これを独任制といいます。

株式会社の監査役に当たる存在で、監査役に関する会社法の規定

が多く準用されています（協金法5条の6）。

2　監事の権限

監事は次の(1)〜(5)の権限を行使することができます。また、監事は独任制の機関ですから、複数の監事間で重点調査の範囲を役割分担するようなことがあったとしても、独任制に反するような職務の分担は許されませんので、注意が必要です。

(1)　業務監査権限

① 　業務・財産調査権（中企法36条の3第2項、協金法5条の6）

監事は、理事の職務の執行について、不正な行為または法令・定款違反もしくは著しく不当な事実がないかを監査するための権限を有しています（中企法36条の3第2項）。

【常時行使できる権限】（協金法5条の6、会社法381条2項）

・理事および職員に対して事業の報告を求めること

・自組合の業務および財産の状況を調査すること

【職務を行うために必要のあるときに行使できる権限】（協金法5条の6、会社法381条3項）

・子会社に対して事業の報告を求めること

・子会社の業務および財産の状況を調査すること

なお、「子会社」とは、信用組合が総議決権の過半数を超える議決権を保有する会社等をいいます（協金法4条・4条の2、協金法施行規則4条・5条・14条、協金法3条の2。以下同じ）。

② 　理事会への出席・意見陳述権（協金法5条の6、会社法383条1項）

監事は、理事会に出席し、必要があると認めるときは意見を述べ

ることができます。

③ 理事会への報告義務と理事会招集請求・招集権限（協金法5条の6、会社法382条・383条2項・3項）

監事は、理事が不正の行為をし、もしくは不正行為をするおそれがあると認めるとき、または法令・定款に違反する事実、もしくは著しく不当な事実があると認めるときは、その旨を理事会に報告することができます。

また、そのために理事会の招集を請求し、それでも理事会が招集されないときには、自ら理事会を招集することができます。

④ 議案等の調査・報告権限（協金法5条の6、会社法384条、協金法施行規則22条、中企法55条6項）

監事は、理事が総(代)会に提出しようとする議案、書類、電磁的記録その他の資料を調査することができます。この場合において、法令もしくは定款に違反し、または著しく不当な事項があると認めるときは、その調査の結果を総(代)会に報告することができます。

⑤ 会計監査人への報告請求権限（協金法5条の8・5条の9、会社法397条2項）

会計監査人を設置する信用組合および設置する義務がある信用組合（以下「特定信用組合」といいます）の監事は、その職務を行うために必要があるときは、会計監査人に対して、いつでも監査に関する報告を求めることができます。

⑥ 理事の行為の差止請求権限（協金法5条の6、会社法385条）

監事は、理事が信用組合の目的の範囲外の行為その他法令・定款に違反する行為をし、またはこれらの行為をするおそれがある場合、当該行為によって信用組合に著しい損害が生じるおそれがあるときは、当該理事の行為をやめさせることを請求することができます。

> **Column　　監事の業務監査の範囲**
>
> 　監事の業務監査には、適法性監査（不正な行為または法令・定款に反する行為がないかを監査する）を超えて、妥当性監査（理事の職務執行が妥当かどうかを監査する）まで及ぶのかという問題があります。
> 　一般的には、業務の執行が代表理事の裁量的判断に委ねられるべきものであることから業務執行の妥当性については、理事相互または理事会での監督によるほうが理に適っています。
> 　したがって、監事の業務監査は、基本的に適法性監査に限られると解されています（江頭憲治郎『株式会社法　第7版』532頁参照）。
> 　もっとも、理事の業務執行が合理的かどうかは妥当性監査の範疇ですが、著しく合理性を欠く場合には理事の善管注意義務違反という適法性監査の範疇となります。そういう意味では、違法性監査・妥当性監査の区別自体は相対的なものであり、適法性監査・妥当性監査を区別する実益はそれほど大きくないともいえます。

(2) 会計監査権限

　監事は、信用組合の計算書類、事業報告、ならびにこれらの附属明細書の監査を行う権限を有しています（協金法5条の7第3項、協金法施行規則20条・23条・25条4項）。ただし、監査の手続については、会計監査人がいる場合には、会計監査人の監査の後に監事が監査を行います（協金法5条の8第3項、協金法施行規則25条4項・26条・28条。第7章・Ⅲ「決算スケジュール等」参照）。

(3) 監事の地位強化のための権限

監事は、その独立の機関としての地位を強化するために次の権限を有しています。

① **監事の報酬に関する意見の陳述（協金法5条の6、会社法387条、中企法55条6項）**

監事の報酬等は、定款で定められていないときは総(代)会で決められますが、監事は総(代)会において、その報酬等について意見を述べることができます。

これは、監事が組合員（総代）に意見を伝えることで、監事の報酬水準が低くされて十分な役務の提供が困難となる事態を回避し、監事の地位を安定化させることにつながります。

② **監査費用請求権（協金法5条の6、会社法388条）**

監事は、信用組合に対して、監査費用の前払い、支出した費用とその利息の償還あるいは信用組合の債権者への弁済といった監査に必要な費用等を請求することができます。

これに対し、信用組合は、当該請求に係る費用等が監事の職務の執行に必要ないことを証明しなければ、その請求を拒むことができません。

③ **監事の選解任・辞任についての意見の陳述（協金法5条の6、会社法345条1項・2項）**

監事は、総(代)会において、監事の選任・解任または辞任について意見を述べることができます。

また、辞任した監事本人も、辞任後最初に招集される総(代)会に限り、出席して辞任した旨およびその理由を述べることができます（したがって、総(代)会を招集する理事は、辞任した監事に対して

も招集通知を送付しなければなりません)。

　これらの権限は、監事と執行部や一部の組合員との意見が割れた場合に、組合員(総代)に監事の意見を伝えて判断を仰ぐことができること、また、監事が執行部との軋轢から、その意に反して辞任した場合等にその旨を組合員(総代)に伝えることができることといった理由から監事の地位の安定と強化につながります。

④　特定信用組合の監事選任に関する監事の同意権等(協金法5条の8第13項、会社法343条1項・2項)

　特定信用組合の監事は、理事が監事の選任に関する議案を総(代)会に提出することについて同意・不同意を判断する権限を有しています。理事は、当該事案の提出について監事の過半数の同意を得なければなりません。

　また、特定信用組合の監事は、理事に対し、監事の選任を総(代)会の目的とすることを請求することができます。

　これらの権限は、特定信用組合の監事選任について、監事の意向を反映させることで監事の地位を強化するものです。

⑤　特定信用組合の会計監査人の選解任・不再任等についての権限(詳細は第5章・Ⅰ・3「会計監査人の資格等と選任・終任等」参照)

　特定信用組合の監事は、会計監査人について、以下の権限を有しています。これは、監事と密接な関係を有する会計監査人について、監事の意向を反映させて会計監査の実効性を高めることで、監事の地位を強化するものです。

・会計監査人の選解任・不再任の議案に関して過半数をもって決定できる権限(協金法5条の9第1項、会社法344条1項・2項)

- 会計監査人が欠けた場合等の一時会計監査人を選任できる権限（協金法5条の10）
- 会計監査人を一定の場合に解任できる権限（同法5条の9、会社法339条1項。ただし、監事が複数人選任されている場合には全員の同意が必要です。同法340条2項）
- 会計監査人の報酬決定に関して過半数をもって同意する権限（協金法5条の9、会社法399条）

(4) 理事との訴訟における監事の信用組合代表権限等

　監事は、信用組合が理事との間で訴訟となった場合に信用組合の代表権を有します（協金法5条の6、会社法386条1項1号・2項1号・2号。信用組合が理事に対して訴えを提起する場合だけでなく、理事が信用組合に対して訴えを提起する場合もあり得ます）。信用組合と理事間の訴訟において、代表理事と相手方の理事との馴れ合い訴訟になることを防止するためです。

　したがって、監事は、信用組合と理事間の訴訟における訴え提起の決定、訴えの提起、訴訟の追行、訴えの取下げ、和解、上訴等のすべての権限を専属的に有することになります。

　仮に、組合員から信用組合に対し、理事の責任を追及する訴えを提起するよう書面で請求された場合には、監事が理事への責任追及の訴えを提起するかどうか判断することになります。監事が訴えを提起しないと判断した場合に、当該組合員等から請求を受けたときは、当該請求者に対して、監事は不提訴理由通知書を交付することになります（協金法5条の6、会社法386条、中企法39条、会社法847条4項。第6章・Ⅶ・2「組合員から提訴請求を受けた場合の信用組合の対応」参照）。

(5) 理事の責任免除に関する議案提出等の同意権（中企法38条の2第7項・9項、会社法426条2項・427条3項）

　各監事は、理事が理事の責任の一部免除に関する議案（総(代)会決議による責任の一部免除、理事会による責任の一部免除あるいは員外理事との責任限定契約締結を内容とする定款の定めの設定・変更）を総(代)会に提出するにあたり、その同意・不同意を判断する権限を有します。

　また、各監事は、理事が理事の責任を一部免除する旨の議案を理事会に提出するにあたり、その同意・不同意を判断する権限を有します。

4　員外監事・員内監事

1　員外監事とは（「員外要件」）

　員外監事とは、次のa〜cの員外要件すべてを満たす監事のことをいいます（協金法5条の3）。員外監事の「員外要件」は、員外理事の「員外要件」とは異なるので注意してください。

　a　当該信用組合の組合員または当該信用組合の組合員たる法人の役員・使用人以外の者（信用協同組合連合会の監事については、当該信用協同組合連合会の会員たる中企法8条5項に規定する組合または協同組合の役員または使用人以外の者）

　b　就任前5年間、当該信用組合の理事・使用人または当該信用組合の子会社の取締役・執行役・会計参与（会計参与が法人であるときは、その職務を行うべき社員）・使用人でなかったこ

と

　c　当該信用組合の理事または参事その他の重要な使用人の配偶者または二親等以内の親族以外の者であること

　このcの要件は、理事等の近親者は、親族との関係性による人情等の影響により、執行部と信用組合の間の利益相反について実効的な監督をすることが期待できないとの考えに基づくものです。

2　員外監事の選任義務

(1)　一定規模以上の信用組合

　預金等総額50億円以上、かつ、員外預金比率が10％以上となる信用組合は、監事を2名以上置かなければならず、かつ、そのうち1名は員外監事でなければなりません（協金法5条の3、協金法施行令2条1項、中企法9条の8第2項4号）。

　上記以外の信用組合では、監事は最低1名を選任していればよく、また、員外監事の選任も任意です。

(2)　員外監事の常勤・非常勤の別

　員外監事自体は、常勤・非常勤のいずれでも構いません。

(3)　員外監事を選任しなかった場合

　員外監事の選任義務を負う信用組合が員外理事を選任しなかった場合は、100万円以下の過料に処せられることがあります（協金法12条1項4号）。

3　員外監事制度の趣旨（員外理事との違い）

　法は、員外理事については必ずしも選任しなくてもよいとしながら、員外監事については一定の範囲で選任を義務付けています。また、員外監事の「員外要件」は員外理事よりも厳格で、その独立性を強めています。

　これは以下の理由によります。

① 　理事の場合は、信用組合の協同組織性担保のために、組合員等の地位を有する理事が理事会に一定数以上いることが不可欠となります（中企法35条4項）。員内理事・員外理事の区別はそのための基準であり、員外理事を一定割合以下に制限することに主眼が置かれています。

② 　他方、監事は業務執行を行わずに監査をするだけなので、仮に、監事全員が組合員以外の者であったとしても、信用組合の協同組織性が損なわれることはありません。

　むしろ、監事が執行部と近い関係にある場合には、馴れ合い的な監査を行うおそれが類型的に認められるため、執行部や信用組合から一定の距離を置いた員外監事が選任されることにより、馴れ合い的な監査を防止して適正な監査を実現することが期待されています（理事会を構成する理事の3分の2以上が員内理事ですから、監事が組合員の地位を有していないことが執行部からの独立性の担保となります）。

4　員内監事とは

　員内監事とは、上記1a～cの員外要件に該当しない監事のことをいいます。

上述のとおり、員外監事を選任することは適正な監査の実現に有効です。

　それでは、員内監事を選任するメリットがないかというとそうではありません。

　理事や使用人等として業務執行に関与していた経験をもつ者は、信用組合の業務に精通していますから、代表理事等の職務の執行を監査するに際して、何の経験も有していない者よりも、より正確な監査を行うことが期待できます。

　したがって、員内監事・員外監事いずれにも選任の長所があるのです。

5　員内監事・員外監事の権限および義務

　員内監事と員外監事には、権限および義務に差異はありません。

Column　　名目的な員外監事の責任

　監事の第三者に対する責任は、主に、代表理事の違法・不適切な業務執行を何ら監視・監督していなかった任務懈怠責任という形で問われます。

　この責任は、たとえ名目的な監事であっても、「名前を貸しただけ」、「監事報酬も受け取っていない」、「非常勤である」といった理由だけで免れることはできません。

　もしも、員外監事の選任が義務付けられた信用組合において、員外監事を確保するため、名前だけを借してほしいと打診したり、また、監事就任を打診された側も名誉職のような感覚で安易に員外監事就任を引き受けるようなことがあるとしたら問題です。

　確かに、裁判例の中には、名目上の取締役の責任を緩和する方向での判断を行っているものもないわけではありません。しかし、

> その大半は、かつて、株式会社設立に3名以上の取締役の選任が義務付けられていた時代の中小企業における事例です。金融機関である信用組合の役員の責任判断の際の参考にするべきものではないでしょう（名目的取締役の責任が認められた事例として、東京高判平成23・12・7判例タイムズ1380号138頁、第6章・Ⅷ・1・4参照）。
>
> 　後述の大原町農協事件（最判平成21・11・27金融・商事判例1342号22頁。第6章・Ⅷ・3・2「監事の任務懈怠」参照）では、被告となった元監事は、理事会が業務執行の決定を代表理事に一任しており、監事も他の理事も理事長の決定に深く関与しないという慣行があったと主張して責任を免れようとしました。しかし、判決では、代表理事の善管注意義務違反の調査等を行わなかった監事の損害賠償責任が認められています。
>
> 　監事に就任された以上は、信用組合の監事としての職責を果たさなければなりません。「名目上の監事に過ぎない」という言い訳は、むしろ、監査等の職責を放棄したこと（任務懈怠の存在）を自ら認めたものと考えるくらいに、監事の職責は重いと自覚する必要があるでしょう。

5　常勤監事

1　常勤監事

　常勤監事とは、他の常勤の仕事に就かず、原則として、信用組合の営業時間中はその監事の職務に専念している監事をいいます。したがって、その定義上、常勤監事を2つ以上兼任することはできないことになります（江頭憲治郎『株式会社法　第7版』540頁参照）。

2　常勤監事の選定義務

　特定信用組合は、監事の互選により常勤監事を選定しなければなりません（協金法5条の8第13項、会社法390条3項）。信用組合は、常勤監事の選定・退任について、財務(支)局長に届出をしなければなりません（協金法7条の2第1項、協金法施行規則111条1項4号、協金法7条、協金法施行令7条1項4号）。

3　常勤監事の権限および義務

　常勤・非常勤にかかわらず、監事の権限および義務は何も変わりません。もっとも、常勤監事は、常時、監査権限を行使し得る立場にあるという点で、非常勤監事よりも、事実上、任務懈怠責任が認められやすい可能性はあります。

Column　「業務の執行」と「職務の執行」

　中企法では、「業務の執行」と「職務の執行」の使い分けがされています。

1　業務の執行

　「業務の執行」とは、信用組合のあらゆる事務的行為まで含んだすべての行為を意味するのではなく、執行機関である代表理事が行える行為といった意味で考えるとよいと思います（「業務の執行」に該当しない行為として、業務執行者でなくても行える事務的行為があります。たとえば、一般理事が行う理事会の招集行為等です）。

　中企法の条文には、規約に定めることのできる事項（中企法34条）と理事会が決するべき事項（同法36条の5第3項）の規定に「業務の執行」という文言が出てきます。

2　職務の執行

「職務の執行」とは、役員が職務として行う行為を意味します。たとえば、理事の職務・業務執行を監督したり監査する行為や理事会において業務執行の意思を決定するプロセス（理事会の招集、議論、議決権の行使）に関する行為等が「職務の執行」にあたる行為です。

中企法の条文には、監事の職務および権限の定めとして「理事の職務の執行を監査する」（中企法36条の3第2項）という文言が出てきます。

また、協金法5条の6が準用する監査役の費用請求の規定（会社法388条）においても「（監事の）職務の執行」という文言が出てきます。

Ⅱ 役員の義務

1 信用組合と役員の法的関係

　信用組合と役員は委任の関係となります（中企法35条の3）。したがって、役員には、民法上の委任（民法643条～655条）の規定が適用されます。
　委任とは、法律行為をなすことを他人に委託することをいいます（同法643条）。受任者である役員は、委任者である信用組合のために、信用組合に代わって職務（信用組合の運営の事務・判断）を行うことになります。

2 委任関係から生じる義務

1　役員の善管注意義務

　役員は、委任関係に基づいてその本旨に従い、善良なる管理者の注意をもって職務を行う義務を負います（「善管注意義務」民法644条）。委任契約に基づいて役員に認められる権限を上述しましたが、その裏返しとして、役員は、適切にその権限を行使しなければなら

ない注意義務を負うことになります。

　役員に求められる注意義務の水準は、その地位に基づいて一般的に要求される程度が基準となります。役員個人が有している能力や注意力で判断されるのではありません。

　したがって、信用組合理事の地位に基づいて要求される融資業務に関する注意義務は、一般企業の取締役よりも高い水準となります（銀行の取締役について同旨の判断をした事例として、北海道拓殖銀行事件－最決平成21・11・9刑集63巻9号1117頁参照）。

2　理事の忠実義務

　さらに、理事は、法令、定款および規約ならびに総(代)会の決議を遵守し、信用組合のために忠実にその職務を行う義務を負っています（「忠実義務」中企法36条の3第1項）。

　もっとも、この忠実義務は、善管注意義務を詳しく、明確にした義務だと考えられていますので、両者を特に区別をする必要はありません（参照：取締役の忠実義務について、善管注意義務を敷衍し、かつ、一層明確にしたものであり、通常の委任関係に伴う善管義務とは別個に、さらに高度な義務を規定したものではないと判示した事案－最判昭和45・6・24民集24巻6号625頁参照）。

　なお、監事は業務執行機関ではありませんので、忠実義務の定めは設けられていません。

3 善管注意義務・忠実義務の具体的規定①―代表理事等の兼職・兼業制限、監事の兼任禁止義務

1 代表理事等の兼職または兼業の制限（協金法5条の2第1項）

(1) 代表理事等の兼職・兼業の禁止

代表理事および信用組合の常務に従事する役員（以下「常務従事役員」といい、この項目においては代表理事と合わせて「代表理事等」といいます）は、財務(支)局長の認可を受けた場合を除いて、他の信用組合や法人の常務に従事したり、事業を営むことが禁止されます（協金法5条の2第1項・2項・7条1項・2項）。

> **Column** 「常務に従事する役員（常務従事役員）」とは
>
> **1 定義**
>
> 常務従事役員とは、信用組合や法人の経営に関する業務を役員として実質的に、日常継続的に遂行している役員のことをいいます。
>
> **2 該当性の基準**
>
> 常務従事役員に該当するか否かは、常勤・非常勤等の形式的なものではなく、その業務の内容や従事の実態などを踏まえ、その実質に応じて個々に判断されます。
>
> **3 該当する者**
>
> 常務従事役員に該当する者としては、代表理事、副理事長、専務・常務理事などの代表理事あるいは代表取締役、副社長、専務・常務取締役などの役付取締役や業務執行取締役、使用人兼務

理事（取締役）で信用組合・法人の経営に関する業務を実質的に、日常継続的に遂行している者が挙げられます。

4 該当しない者

他方、常務従事役員に該当しない者としては、上記3に該当しない理事や取締役、監事や監査役が挙げられます。これらの者は、そもそも信用組合・法人の経営に関する業務を行わないからです。

したがって、常勤監事には協金法5条の2第1項は適用されません。ただし、「常勤」の定義上、他の法人の常務に従事することはできません（本章・Ⅰ・5「常勤監事」参照）。

(2) 兼職等禁止の趣旨

協金法5条の2第1項の趣旨は、代表理事等が他の法人の常務に従事したり、事業を営むことを禁止して、信用組合の職務遂行に専念させることにより、当該信用組合の業務の健全かつ適切な運営を確保することにあります。

したがって、他の法人（競業関係にある法人を除きます。中企法37条2項参照）において、常務に従事しない役職員に就任するなど（たとえば、非常勤役員等）、信用組合の業務の健全かつ適切な運営が妨げられるおそれがない兼職の範囲であれば禁止されません。

(3) 兼職等禁止違反の罰則

代表理事等の兼職等禁止（協金法5条の2第1項）に違反した場合は、100万円以下の過料に処せられることがあります（同法12条1項3号）。

2　監事の兼任禁止（中企法37条1項）

(1)　理事・使用人との兼任禁止

　監事は、理事または組合の使用人（以下「理事・使用人」といいます）と兼任することはできません。
　法が監事と理事・使用人との兼任を禁止している趣旨は、業務執行監査の主体と客体を分離し、監査の実効性を図ることにあります。

(2)　理事・使用人を監事候補者とすることについて

　もっとも、監事の兼任禁止は、欠格事由を定めたものではないので、総(代)会において、理事・使用人の地位にある者を選挙または選任すること自体はできると解されます（中企法35条3項・13項・55条6項）。
　監事就任の効力は、選挙または選任決議に加えて、当選・選任された者が監事への就任を承諾することによって発生するので、その効力が発生する時点までに理事・使用人の地位を辞任すれば、当該兼任禁止規定に触れることにはならないからです（最判平成元・9・19金融・商事判例850号12頁参照）。
　当選・選任された者が監事への就任を承諾したときには、理事や使用人の地位を辞任したものと解されることになります。そして、仮に、理事が監事に当選または選任されてその就任を承諾したにもかかわらず、事実上、理事の職を辞職しない場合には、選任の効力の問題ではなく、当該監事の任務懈怠による責任の問題として考えることになります。

(3) **兼任禁止違反の罰則**

　監事の兼任禁止（中企法37条1項）に違反した場合は、20万円以下の過料に処せられることがあります（同法115条1項18号）。

3　競業行為を行う者の理事就任の禁止（中企法37条2項）

(1) **理事になってはならない者**

　次の者は、理事への就任を禁止されています（以下「理事就任禁止要件」といいます）。

　　a　信用組合の事業と実質的に（同一市場において）競争関係にある事業であって、組合員の資格として定款に定められる事業以外のものを行う者（それが法人である場合には、その役員）

　　b　組合員の資格として定款に定められる事業またはこれと実質的に競争関係にある事業を行う者（小規模事業者(注)を除きます）であって、組合員でない者（法人である場合には、その役員）

　(注)　小規模事業者とは、①資本金の額または出資の総額が3億円（小売業またはサービス業を主たる事業とする事業者について5000万円、卸売業を主たる事業とする事業者については1億円）を超えない法人たる事業者、もしくは、②公正取引委員会が私的独占の禁止及び公正取引の確保に関する法律の適用除外の判断において「小規模の事業者」（私的独占の禁止及び公正取引の確保に関する法律22条1号）であると判断した事業者をいいます（中企法7条1項・2項）。

　中企法が上記aまたはbに該当する者の理事就任を禁止した趣旨は、競業行為を営む非組合員（小規模事業者）が理事になることにより、その地位を利用して信用組合の業務運営を不利に陥れるおそれがあるためです。

したがって、基本的に信用組合との利害が一致するはずの組合員や事業規模の大きくない小規模事業者は、理事就任禁止要件の対象から外されています。また、業務執行を行うことがない監事は、信用組合の業務運営を不利に陥れることが類型的にできないことになりますので、当該規定のような就任禁止規定は設けられていません。

(2) **理事就任禁止要件に該当する者を理事候補者とすることについて**

理事就任禁止要件の定めは、監事の兼任禁止条項と同様に、欠格事由を定めたものではなく、総(代)会において、理事就任禁止要件に該当する者を選挙または選任すること自体はできると考えます（中企法35条3項・13項・55条6項）。理事就任の効力は、選挙または選任決議に加えて、当選・選任された者が理事への就任を承諾することによって発生するので、その効力が発生する時点までに理事就任禁止要件の該当性が消滅していれば（信用組合または組合員資格事業と競合する事業を廃業するなど）、当該兼任禁止規定に触れることにはならないからです（最判平成元・9・19金融・商事判例850号12頁参照）。

もっとも、理事への就任承諾によって、競合する事業を廃業したものとみなすことはできませんので、理事への就任を承諾するのであれば、従前の事業に関与しないことを明確にしておくべきでしょう。

(3) **理事就任の罰則**

理事就任禁止（中企法37条2項）に違反した場合は、20万円以下の過料に処せられることがあります（同法115条1項18号）。

Column　理事と総代の兼任の適否

　1　理事と総代を兼任することができるかどうかという問題があります。理事と総代は被選任者と選任者、被監督者と監督者の関係にあるため、両者が同一となることを避けるべきだという考えがあるからです。

　2　しかし、法は代表理事等の兼職または兼業の制限は禁止していますが、理事が総代を兼ねることについては何も禁止していません。また、総代が理事となることについても何ら規制はされていません。

　したがって、法的には、理事と総代を兼任することに問題はありません。

　3　総代会とは、組合員の数が多数にのぼる信用組合にとって総会開催が困難となりうることを考慮して、組合員の代表として総代を選出させて会議体（総代会）を構成し、総会に代わって決議をさせる制度です（中企法55条）。

　総代会では、理事の選任・理事の報酬の決定など、理事の利益に直接関わる事項が決定されますので、組合員の代表である総代が理事を兼任している場合、自分の利害に関する事項について、適切に組合員の総意を反映させた行動をとるのかという公平性への疑念が生じるという点も理解はできます。

　しかし、被選任者と選任者、被監督者と監督者が同一となるのは、理事が総代を兼任した場合に限られません。

　中企法は、組合員等の地位を有する員内理事が多数派となるように定めていますので（同法35条4項）、総会の場合であっても、ほとんどの理事が、被選任者と選任者、被監督者と監督者としての立場を併存させることになります。

　中企法が、理事と総代との兼任を問題視しているのであれば、

> 明文で禁止するか、そういった問題が生じない員外理事の員数の制限を外すといったことが必要になりますが、そのようにはしていません。総代の任期は3年以内とされ、その都度公平な方法で選挙されます（同法55条2項・5項）。これによって総代の公平性も担保されております。法が理事と総代の兼任を禁止する規定を設けていないのは、理事と総代を兼任する者がいたとしても、自己の利害関係を優先にして恣意的な行動をとる懸念はないとの考えに基づいているものと思われます。

4 善管注意義務・忠実義務の具体的規定②──理事の自己取引等の制限義務

1 利益相反取引の規制

理事は、次の取引（利益相反取引）をしようとする場合、当該取引について重要な事実を理事会に開示し、その承認を受けるとともに（中企法38条1項）、取引後遅滞なく、当該取引の重要な事実を理事会に報告しなければなりません（同条3項）。それを怠った場合は、20万円以下の過料に処せられることがあります（同法115条1項19号・20号）。

理事会の承認手続等の留意点については、第4章・Ⅰ・2・4「理事と信用組合間の取引（利益相反取引）の承認」を参照してください。

(1) 直接取引

当事者として、自己のために、または代理人・代表者として第三者のために信用組合とする取引

・具体例……甲信用組合（代表理事A）が個人Aと取引を行う場合

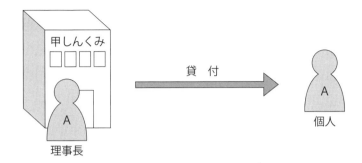

※理事に対して、ほぼ確実に回収の見込める預金担保貸付けを行う場合であっても、金利や貸付期間等の貸付条件については、信用組合に一定の裁量があるため、低利率かつ長期の貸付けをすれば、信用組合はその間の運用利益を得る機会を喪失することになります。したがって、信用組合の利益を害する可能性があるので、利益相反取引に該当することになります。

・具体例……甲信用組合（代表理事A）が乙社（代表取締役A）と取引を行う場合

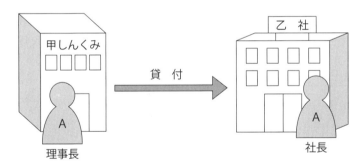

・具体例……甲信用組合（代表理事B、理事A）が乙社（代表取締役A）と取引を行う場合

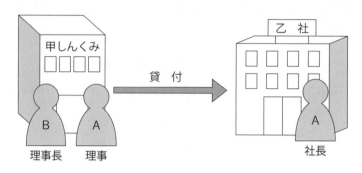

(2) **間接取引**

　信用組合が理事の債務を保証すること、その他理事以外の者との間で信用組合と理事間の利害が相反する取引
・具体例……甲信用組合が理事Aの個人の債務を保証する場合
・具体例……甲信用組合が理事Aの個人の債務を引き受ける場合
・具体例……甲信用組合が理事Aの個人の債務について担保提供する場合

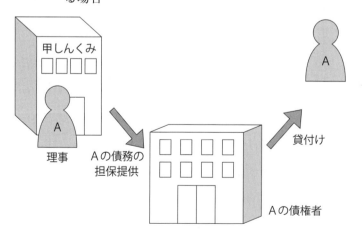

・具体例……甲信用組合が理事Aの家族Bの借入金について債務保証を行う場合

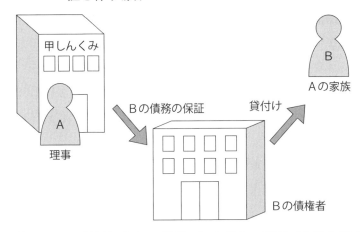

・具体例……甲信用組合が、理事Aおよびその家族で全株を保有する乙社の借入金について債務保証を行う場合

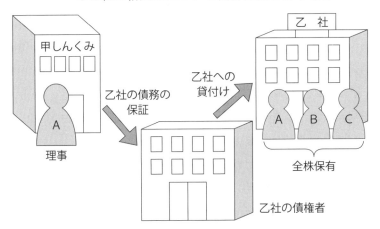

2 利益相反取引制限の趣旨と承認不要の取引

　法が利益相反取引を制限している趣旨は、理事がその地位を利用して、信用組合の利益の犠牲のもとに自己または第三者の利益を図

ることを防止することにあります。

　したがって、取引に関して理事の裁量がない取引など、取引の類型上、信用組合の利益を害する危険がない（抽象的に見て信用組合に損害が生じ得ない）取引については、理事会の承認が不要です。具体的な取引には次のものがあります。

　　a　総合口座取引、預金契約、保険等の普通取引約款に基づく定型的取引（東京地判昭和57・2・24判例タイムズ474号138頁参照）

　裁量のない定型的取引には、信用組合の利益を害する危険がないので、理事会の承認は不要です。総合口座取引における預金、払戻し、当座貸越しの場合であっても同様です。

　　b　理事の信用組合に対する無利息無担保の金銭貸付け（最判昭和38・12・6民集17巻12号1664頁、最判昭和50・12・25金融法務事情780号33頁参照）

　信用組合が理事から無利息無担保で金銭を借りることは信用組合の利益を害する危険がないので、理事会の承認は不要です。

　　c　理事の信用組合に対する贈与、債務引受など

　信用組合には債務の負担がなく、信用組合に損害が生じ得ないので、理事会の承認は不要です。

　　d　信用組合の理事に対する債務の履行（大判大正9・2・20民録26輯184頁参照）

　すでに法律上確定している債務を信用組合が履行することは、信用組合の利益を害する危険がないので、理事会の承認は不要です。

　　e　理事の信用組合に対する債務の履行（信用組合から住宅ローンを借り入れている者が理事に就任した場合など）

　すでに法律上確定している債務を理事が履行することは、信用組

合の利益を害する危険がないので、理事会の承認は不要です。

3 監事と信用組合との取引

監事には、信用組合との利益相反取引を制限する規定はありませんので、監事が信用組合と取引をする場合には、理事会への報告・承認は必要ありません。

監事は、理事と異なり、業務執行やその決定を行わないことから、一般的に見て、その地位を利用して信用組合の利益の犠牲の下に自己または第三者の利益を図ることはできないからです。

5 善管注意義務・忠実義務の具体的規定③―総(代)会の出席・説明義務

1 総(代)会における説明義務

理事や監事は、総(代)会において、組合員（総代）から特定の事項について説明を求められた場合には、当該事項について必要な説明をしなければなりません（中企法53条の2）。したがって、理事や監事には、総(代)会への出席義務もあるものと解されます。

2 説明義務の免除

説明義務が免除される場合には、次のようなものがあります（中企法53条の2ただし書、中企法施行規則138条）。

 a 説明をするために調査が必要な場合で、かつ、組合員が総会日より相当期間前に通知をしていたり、調査が著しく容易であるといった事情がないとき（同規則138条1号イ・ロ）

 b 説明を行うことにより信用組合その他の者（説明を求めた組

合員を除きます）の権利を侵害することとなる場合（同条2号）

　c　実質的に同一の事項についての繰り返しの質問の場合（同条3号）

　d　その他の正当な理由がある場合（同条4号）

3　説明内容が守秘義務違反・名誉棄損等に当たる場合

　説明の内容が、契約等により守秘義務を負っている事項に該当する場合や組合員その他の第三者の名誉毀損やプライバシー侵害に該当する場合には、説明自体が契約違反、法令違反となることもあります。

　総(代)会での説明おいては、回答してはいけない内容をうっかり回答することのないよう注意してください。

6　理事のその他の職務上の義務

　理事は、その善管注意義務の内容として、職務上の権限を適切に行使することが期待されます。すなわち、職務上認められる権限の裏返しとして、その権限を適切に行使すべき義務も負っているということになります。

1　理事会の出席義務

　理事は、理事会に出席する義務を負います。

　理事が理事会を欠席するには、病気等の正当な理由が必要になります。正当な理由なく理事会に欠席することは、それ自体が任務懈怠となります。

また、理事には、自らの専門的な知見をもって理事会での議論・討論に参加することが求められるため、代理出席は認められません。理事会は、理事が相互の協議・意見交換を通じて意思決定を行う場ですから、本人が議決権を行使する必要があります。ただし、定款の定めがある場合には、理事は、書面または電磁的方法によって議決に加わることができます（中企法36条の6第3項）。

2　信用組合の業務執行の決定義務

理事は、理事会の職務としての信用組合の業務執行の決定を遂行する義務を負います（第4章・Ⅰ・2「理事会の権限」参照）。

3　理事会の内外での監督義務

(1)　理事の職務執行の監督責任

中企法は、理事会の権限に「理事の職務の執行の監督」を明記していませんが（会社法362条2項2号、信用金庫法36条3項2号参照）、理事会は信用組合の業務執行を決定する機関であることから、理事会およびその構成メンバーである理事には、理事会で決定した業務執行の状況や代表理事の職務の執行一般について監督する責任があると解されます（最判昭和48・5・22民集27巻5号655頁参照、理事の善管注意義務・忠実義務（中企法35条の3、民法644条、中企法36条の3第1項）、理事会の招集権限（同法36条の6第6項、会社法366条）、理事会での報告義務（協金法5条の5、会社法357条1項）、代表理事の解職権（中企法36条の8第1項の解釈）、業務執行に関する決定の是正（同法36条の5第3項））。

(2) 他の理事の職務の監督

　ある理事が理事会の決定に基づいて行った行為に任務懈怠が認められるときには、その決議に賛成した理事についても、その行為をしたものとみなされることになります（中企法38条の2第2項）。さらに、当該決議に参加した理事で、理事会議事録に異議をとどめていない者は、当該決議に賛成したものと推定されます（同条3項。ただし、「みなし」規定ではなく、「推定」規定ですので、当該理事が事実と異なることを立証できればこの限りではありません）。

　このように、業務執行を行わない一般理事であっても、他の代表理事の業務執行が違法・不適正であった場合に、その違法な業務執行の基礎となった理事会の決議に賛成していたときは、当該行為についての責任を負わされます。

　また、理事の監督義務違反の責任は、理事会に上程されなかった事柄についても生じ得ます。他の理事の違法・不適正な行為を知った・知り得たにもかかわらず何らの措置も講じない場合や理事会をまったく開催せず、職務の執行状況の確認がまったくなされていないときには任務懈怠責任が認められることがあります。

(3) 代表理事の業務執行の監視

　各理事は、代表理事の業務執行一般を監視し、必要があれば、理事会の招集を求め、または自ら招集して、理事会を通じて業務執行が適正に行われるようにしなければなりません（最判昭和48・5・22民集27巻5号655頁参照）。

　業務執行の適正化を図るための具体的な方法としては、代表理事の解職、業務執行に関する決定の是正等が考えられます。

(4) 理事会への報告

　理事が信用組合に著しい損害を及ぼすおそれのある事実があることを発見したときは、ただちに当該事実を監事に報告しなければなりません（協金法5条の5、会社法357条1項）。

(5) 業務執行に関わる責任

　信用組合全体を統括する理事長や一部を管掌する専務・常務理事などは、自らの担当職務として行った稟議決裁、契約締結、または、参事等の使用人への指示等の業務執行を適切に行う義務があります。
　したがって、これらの行為に違法・不適正があれば、業務執行者として、理事の責任を問われることになります。

(6) 業務執行者としてその担当業務の監督義務

　業務執行を行う代表理事には、自らの担当職務に関して、使用人を直接管理・監督する義務があります。
　したがって、日常的に職員の仕事ぶりをチェックし、監視を行わなければなりません。その指揮・命令権を通じて使用人の業務執行状況を知りうることになるため、その職務執行に関する監督義務も重いものになります。

4　計算書類等の作成、備置きおよび閲覧等

(1) 計算書類等の提出・提供義務

　詳細は第7章・Ⅲ「決算スケジュール等」で述べますが、理事は、事業年度ごとに、信用組合が作成し、監事等の監査を受けて理事会

の承認を得た計算書類（貸借対照表、損益計算書、剰余金処分案または損失処理案その他信用組合の財産および損益の状況を示すために必要かつ適当なものとして内閣府令で定めるものをいいます）および事業報告を通常総(代)会に提出・提供しなければなりません（協金法5条の7・5条の8、中企法55条6項）。

(2) **計算書類等の総(代)会での承認・報告義務**

　理事は、通常総(代)会において、計算書類の承認を受け、事業報告の内容を報告する義務を負います（協金法5条の7第8項・5条の8第8項。特定信用組合の場合で、剰余金処分案または損失処理案を除く計算書類が、法令および定款に従い特定信用組合の財産および損益の状況を正しく表示しているものとして内閣府令（協金法施行規則31条）で定める要件に該当するときには、通常総(代)会の承認は要しません。この場合の計算書類は、理事が当該内容を通常総(代)会で報告すれば足ります（協金法5条の8第9項））。

(3) **その他、計算書類等に関する信用組合の義務**

　上記(1)および(2)は、計算書類および事業報告について、理事が直接負っている義務ですが、ほかに、信用組合として負うことになる義務（計算書類等の作成、通常総(代)会の招集通知発送時の提供、備置きおよび組合員等への閲覧謄写請求の応答）がありますので、第7章・Ⅲ「決算スケジュール等」の内容も確認するようにしてください。

7　監事のその他の職務上の義務

　監事は、その善管注意義務の内容として、職務上の権限を適切に行使することが期待されます。すなわち、職務上認められる権限の裏返しとして、その権限を適切に行使すべき義務も負っているということになります。

　以下、監事の職務上の義務を次の5つに整理して解説します。

　a　業務監査権
　b　会計監査権
　c　監事の地位強化のための権限
　d　信用組合代表権限
　e　理事の責任免除に関する総(代)会議案提出の同意権限

1　業務監査権

(1)　理事の職務執行監査義務（中企法36条の3第2項）

① 　業務監査・会計監査

　監事には、理事の職務の執行が適正に行われているかについて、業務監査や会計監査を通じて監査をする義務があります（協金法5条の6、会社法381条2項・3項）。

② 　監査報告の作成（中企法36条の3第2項、協金法施行規則20条）

　監事は、その職務を適切に遂行するため、理事や職員、信用組合の子法人の役員等と意思疎通を図り、情報の収集および監査の環境の整備に努めて、監査報告を作成し、その内容を理事に通知しなけ

ればなりません（中企法36条の3第2項、中企法施行規則62条2項、協金法5条の6、会社法381条1項、協金法施行規則13条・21条・28条）。

③　報告請求、信用組合の業務・財産状況の調査（中企法36条の3第2項、中企法施行規則62条2項、協金法5条の6、会社法381条2項・3項）

　監事は、職務執行の適正性に疑問が生じる事由がある場合には、理事および参事その他の使用人に対して事業の報告を求めたり、信用組合の業務および財産の状況を調査する義務を負います。また、その職務を行うために必要のあるときは、信用組合の子会社に対しても事業の報告を求めることや調査をしなければなりません。

④　監事の責任が認められた事案

　農業協同組合での事案ですが、代表理事の善管注意義務違反をうかがわせる言動があったにもかかわらず調査確認を行わなかった監事の責任が認められ、監事が農協に対する損害賠償義務を負った事例もありますので、注意が必要です（大原町農協事件－最判平成21・11・27金融・商事判例1342号22頁）。

(2)　理事会への出席・意見陳述義務（協金法5条の6、会社法383条1項）

　監事は、理事会に出席し、必要があると認めるときは意見を述べなければなりません。

(3) **理事会への報告・理事会招集等の義務（協金法5条の6、会社法382条・383条2項・3項）**

① **不正の事実・おそれがある場合の理事会への報告（協金法5条の6、会社法382条）**

監事は、理事が不正の行為をし、もしくは不正行為をするおそれがあると認めるとき、または法令もしくは定款に違反する事実もしくは著しく不当な事実があると認めるときは、遅滞なく、その旨を理事会に報告しなければなりません。

② **理事会招集の請求**

監事は、理事の不正行為等を理事会へ報告するために必要があると認めるときは、理事会招集権者の理事（中企法36条の6第6項、会社法366条1項）に対して理事会の招集を請求することができます。そして、その請求日から5日以内に、その請求日から2週間以内の日を理事会の日とする理事会招集の通知が発せられないときは、その請求をした監事が理事会を招集することができるようになります（協金法5条の6、会社法383条2項・3項）。

(4) **理事が総(代)会に提出する議案等の調査義務、総(代)会への報告義務（協金法5条の6、会社法384条、協金法施行規則13条5項、中企法55条6項）**

監事は、理事が総(代)会に提出しようとする議案、書類、電磁的記録その他の資料を調査しなければなりません。この場合において、法令・定款に違反し、または著しく不当な事項があると認めるときは、その調査の結果を総(代)会に報告する義務を負います。

(5) 会計監査人への報告請求義務（協金法5条の8・5条の9、会社法397条2項）

監事は、その職務を行うために必要があるときは、会計監査人に対して、監査に関する報告を求めなければなりません。

(6) 理事の行為の差止請求義務（協金法5条の6、会社法385条）

監事は、理事が信用組合の目的の範囲外の行為その他法令・定款に違反する行為をし、またはこれらの行為をするおそれがある場合において、当該行為によって信用組合に著しい損害が生じるおそれがあるときは、当該理事の行為をやめさせることを請求しなければなりません。

2　会計監査権

(7) 計算書類、業務報告、ならびにこれらの附属明細書の監査義務

① 計算書類・業務報告等の監査

監事は、信用組合の計算書類、事業報告、ならびにこれらの附属明細書の監査を行わなければなりません（協金法5条の7第3項、協金法施行規則20条・22条・23条）。

② 監査報告の通知

監事は、計算書類の全部・事業報告を受領した日から4週間を経過した日、それらの附属明細書を受領した日から1週間を経過した日または理事と合意した日のいずれか遅い日までに理事に各監査報告の内容を通知しなければなりません（同規則21条・24条）。

ただし、特定信用組合の監事が行う計算関係書類の監査報告の内容は、会計監査人の監査を受けた日（監査を受けたとみなされた日）から1週間を経過した日または理事と同意した日のいずれか遅い日までに理事と会計監査人に通知する義務があります（同規則28条）。監査報告の内容を通知すべき監事やそれを受ける理事、その他の詳細は第7章・Ⅲ「決算スケジュール等」を参照してください。

3　監事の地位強化のための権限

(8)　特定信用組合の会計監査人に関する選解任・不再任の議案決定義務（協金法5条の9第1項、会社法344条1項・2項）

　監事は、その過半数をもって、総(代)会に提出する会計監査人の選任等の議案の内容を決定しなければなりませんから、その議案決定権行使に主体的に取り組み、判断しなければならない義務があります。

　会計監査人は、不再任の決議をしないときには、当然に再任されたとみなされますが（協金法5条の9第1項、会社法338条2項）、監事としては、現任の会計監査人の監査活動の適切性・妥当性を評価し、主体的に再任・不再任を判断することが必要になります。会計監査人の再任が妥当だと判断した場合には、監事は、理事に対し、会計監査人を不再任とすることを総(代)会の目的事項としない旨の連絡をいれて、再任についてのプロセスを記録化しておくのがよいでしょう。

4　信用組合代表権限

(9)　理事との訴訟の権限行使義務（協金法5条の6、会社法386条、中企法39条、会社法847条4項）

　監事は、信用組合が理事との間で訴訟となった場合の訴えの提起から訴訟終了までのすべての訴訟手続について、信用組合の代表権を有します。
　監事は、訴え提起の決定、訴えの提起、訴訟追行、訴えの取下げ、和解、上訴等のすべての権限を信用組合の利益のために行使しなければならない義務を負います。監事の不適切な権限の行使や不行使には、任務懈怠責任が生じます。

5　理事の責任免除に関する議案提出等の同意権（中企法38条の2第7項・9項、会社法426条2項・427条3項）

(10)　同意・不同意の判断についての善管注意義務

　各監事は、次の議案を理事が提出するにあたり、その同意・不同意を判断します。このとき、各監事は、理事の責任免除が大局的にみて信用組合の利益に合致するか否かで同意・不同意を判断すべき義務を負います。
　・理事の責任の一部免除に関する総（代）会での定款変更議案
　・理事の責任を一部免除する旨の理事会の議案

第2章

理事の選出・終任、報酬等の決定等

I

理事の選出手続等

1 理事の定数

1 理事の定数の定め方

(1) 理事の定数

理事の定数は、3名以上と法律で決められています（中企法35条2項）。この定数は、定款に絶対に記載しなければならない事項ですので（同法33条1項11号）、定めた定数を定款に記載します。

(2) 定数の定め方

定数の具体的な員数は、3名以上であれば自由に決められます。このとき、「自組合の職務執行上必要な理事は何名なのか」という観点が重要になります。

理事の定数を「13名」等の確定数で定めることもできますが、職務執行上の必要性は、業務の状況等によって変わります。理事の定数を固定してしまうと、その都度、定款を変更しなければ選任する理事の員数を変えられないことになり、硬直化した運用しかできな

くなってしまいます。

　そこで、実務上は、「理事の定数」を「10名以上13名以内」等と幅をもたせて規定する柔軟な取扱いをしています。

2　「理事の定数」＝「選任された理事の員数」

　「理事の定数」は、「選任しなければならない員内理事は最低何名なのか」（中企法35条4項）、あるいは、「何名の理事に欠員が出た場合に3か月以内に理事を補充しなければいけないのか」（同条7項）という判断をする際の基準になります。

　「○名以上○名以内」と定めている場合には、上限、下限、実際に選任された理事の数（実数）のいずれが「定数」の基準となるのか問題になります。ただし、信用組合では、下限を「定数」の基準とする実務運用がなされているようです（全国中小企業団体中央会編「第二次改訂版　中小企業等協同組合法逐条解説」163頁、信用組合研究会編「信用組合便覧2015」）。

　筆者は、下限を「定数」の基準とすることには次の不都合があるため、実数を「定数」の基準とするべきだと考えていますが、実際には、上限と下限の幅をできる限り小さくすることで、下限を「定数」の基準とする不都合が生じにくいようにしているものと思われます。

(1)　下限を定数とする場合の不都合

　理事の定数を「5名以上13名以内」と定めた場合を仮定します。
①　員内理事の選任

　員内理事の選任（中企法35条4項）との関係では、「理事の定数」を下限の5名とすると、その少なくとも3分の2」は「4名」とい

うこととなります。

　つまり、この信用組合では、最低4名の員内理事がいればよいので、最大13名の理事を選任する場合には、残り9名が員外理事でも構わないことになります。

　しかし、それでは協同組織性の担保を趣旨として員内理事の員数を定めた中企法35条4項の趣旨（後記3「選任しなければならない員内理事の員数」参照）に反するものと考えます。すなわち、当該規定は、員内理事の員数が「理事の定数の少なくとも3分の2」という絶対多数となることを要件に定めているのです。員外理事が員内理事よりも多く選任されるようなこの解釈をとるべきではありません。

② 　理事の補充義務

　補充義務（同法35条7項）との関係では、「理事の定数」を下限の5名とすると、その「3分の1を超えるものが欠けたとき」は「2名が欠けたとき」ということになります。

　もともと5名しか理事がいない中で2名欠けて残り3名となれば、組合業務の運営への影響もかなり大きいはずです。しかし、もともと上限が13名の理事が選任されていたとすると、そのうち2名が欠けたとしてもまだ11名が残っています。このような場合には、業務の状況や改選時期までの期間の長短によっては、罰則（同法115条1項14号）を伴う義務違反だとまで厳格に考える必要性がない場合もあり得そうです。

　実際に選任された理事の員数が13名の場合であっても、5名の場合であっても、補充義務が生じるのは一律に理事2名が欠けた場合であるという硬直的な解釈には合理性がないように感じます。

(2) 実数を定数とする場合の合理性

理事の定数は、定款で定められた幅の中で実際に選任された員数を基準にすると考えれば、上記のような不都合は生じません。

① 員内理事の選任

員内理事の選任（中企法35条4項）との関係では、「実際に選任された員数の少なくとも3分の2」と解することで、常に、員内理事が絶対多数を占めることになります。

② 理事の補充義務

補充義務（同条7項）との関係では、実際に選任された員数定数の3分の1を超えるものが欠けたとき」と解することで、補充義務について柔軟な運用が可能になります。

もっとも、上述したとおり、実務上は、上限と下限の幅をできる限り小さくすることで、下限を定数と解することの不都合が生じる場面は限定的になっているものと思われます（法的には、「3名以上」以外には、理事の定数の定め方についての制限はありませんので、上限と下限の幅をできる限り小さくしなければならない根拠も見当たりません。法的安定性の観点からも、理事の定数は、実数を基準にするべきだと考えています）。

3 選任しなければならない員内理事の員数

(1) 員内理事の数

理事の定数の少なくとも3分の2は員内理事でなければなりません（中企法35条4項）。員外理事は、最大でも理事の定数の3分の1までしか選任することはできないのです。

したがって、「理事の定数（選任された理事の員数）」が10名のときには、少なくとも7名が員内理事でなければならず、員外理事として選任できる最大数は3名ということになります。

(2) **員外理事の人数制限の趣旨**

中企法が員外理事の人数を制限しているのは、組合員による協同組織性を担保するためです。信用組合は、組合員の相互扶助を目的とした協同組織の金融機関ですから、できる限り組合員の意思を反映する必要があります。

そこで、員内理事の割合が3分の2以上の絶対多数となるようにすることで、この協同組織性を担保しているのです。

4　理事の定数を欠いた場合

理事の定数の3分の1を超えるものが欠けたときは、3か月以内に補充しなければなりません（中企法35条7項）。

したがって、「理事の定数（選任された理事の員数）」が10名の場合、4名が欠けたときはその最後の1名が退任等となったときから3か月以内に、新たな理事を選任・補充しなければなりません。

また、理事の員数自体は、定数の3分の2以上が確保できているとしても、欠けた理事が員内理事であり、そのために員内理事の員数が定数の3分の2を満たさないことになってしまった場合には、早急に員内理事を補充する必要があります（中企法35条4項）。

2 資格制限

1 法律上の欠格事由

(1) 理事の欠格事由（協金法5条の4）

次に掲げる者は、理事になることはできません（監事の欠格事由も同じです）。

a 法人

b 破産手続開始の決定を受けて復権を得ない者

c 成年被後見人、被保佐人、外国の法令上これらと同様に取り扱われている者

d 協金法、中企法、会社法、一般社団法人・一般財団法人に関する法律、金融商品取引法、破産法・民事再生法等の倒産処理手続に関する法律に定める特定の罪を犯し、刑に処せられ、その執行を終わり、またはその執行を受けることがなくなった日から2年を経過しない者

e d以外の法令の規定に違反し、禁錮以上の刑に処せられ、その執行を終わるまで、またはその執行を受けることがなくなるまでの者（刑の執行猶予中の者を除きます）

なお、「成年被後見人等の権利の制限に係る措置の適正化等を図るための関係法律の整備に関する法律」案が提出されて、各種法人関係役員の欠格事由が見直されようとしています（平成30年3月執筆時現在）。

この法案が成立すれば、協金法5条の4第3号に規定された「成

年被後見人若しくは被保佐人又は外国の法令上これらと同様に取り扱われている者」という欠格事由が「心身の故障のため職務を適正に執行することができない者として内閣府令で定めるもの」と改められ、成年被後見人等が欠格事由から外れることになります。

ただし、民法653条3号の「受任者が後見開始の審判を受けたこと」という委任関係の終了事由は依然として残っていますので、成年被後見人等が役員になることはできますが、役員が後見開始の審判を受けた場合には、資格喪失により退任という扱いになります（再度役員に選任することは可能です）。

(2) 理事の資格制限の趣旨

法律上、このような欠格事由が定められているのは、役員と信用組合の関係が委任だからです（第1章・Ⅱ・1「信用組合と役員の法的関係」参照）。委任は個人的信頼関係を特に重視します。したがって、個人ではない法人、判断能力が不十分な者や犯罪を犯して刑の執行中の者などは、理事になることはできないとされているのです。また、会社法等の企業法秩序に違反した者については特に厳しく資格を制限されています。

これらの資格制限規定は、株式会社の取締役、監査役にも同様の規定が設けられていますが（会社法331条1項・335条1項）、会社法上「破産手続開始の決定を受けて復権を得ない者」だけは欠格事由にはなっていません。従来は商法にも同様の規定がありましたが、経営者が会社債務を連帯して保証することの多い実務において、会社と同時に経営者が破産し、復権を得られるまでに時間がかかる等の批判があり、会社法制定時に欠格事由から外されました。現在では、取締役が破産手続開始決定を受けた場合には当然に退任とな

りますが、再度、株主総会決議において選任がなされれば取締役を続けられることになります。なお、理事の就任中に破産手続開始決定があった場合や後見開始の審判を受けた場合には、委任契約は終了しますので当然に退任となります（民法653条）。

2　定款による資格制限

　前記の欠格事由に該当しない者は、未成年者であっても、外国人であっても理事になることができます（銀行においては、「銀行の常務に従事する取締役は、銀行の経営管理を的確、公正かつ効率的に遂行することができる知識及び経験を有し、かつ、十分な社会的信用を有する者でなければならない」という積極的な適格性の要件が必要とされていますが、協金法や中企法にはこのような規定はありません。銀行法7条の2第1項1号参照）。

　協金法や中企法では、定款による役員の資格制限の禁止規定を設けていませんので（会社法331条2項本文参照。公開会社の取締役を株主に限定することの禁止）、定款によって、理事の資格を成年者や日本国籍を有する者などに制限することもできると解されます。

3　員外理事の員数制限

　理事の定数の少なくとも3分の2は員内理事でなければなりません。そのため、組合員または組合員たる法人の役員・使用人以外の者が理事となる場合（員外理事）には、総員数の制限がされます（中企法35条4項。第1章・Ⅰ・2・3「員内理事・員外理事」参照）。

4　兼職等の制限・競業禁止

　代表理事や常務従事理事は、財務（支）局長の認可を受けた場合を

除いて、他の信用組合や法人に常務として従事したり、事業を営むことが禁止されています（協金法5条の2、協金法施行規則12条、協金法7条、協金法施行令7条1項1号。第1章・Ⅱ・3「善管注意義務・忠実義務の具体的規定①—代表理事等の兼職・兼業制限、監事の兼任禁止義務」）。

3　理事の任期

1　理事の任期

(1) 任　期

理事の任期は、2年以内の定款で定める期間です（中企法36条1項。ただし、設立時の理事の任期は1年以内で創立総会において定められた期間（同条3項）とされ、合併により設立された信用組合の理事は最初の通常総会の日まで（同法64条3項）とされています。創立当初の役員の場合、その適格性が十分判断された結果選ばれたとはいえないことから、組合員の信任を問う機会を早期に与えるためです）。

(2) 補欠役員の任期

補欠役員とは、任期の途中で退任した役員の補充として選任される役員です。

補欠役員として選任された場合の任期は法定されていませんが、定款の定めにおいて、前任者の残任期間を任期とする旨を定めておくとよいでしょう。そうすれば、他の在任中の役員の任期と終期を

揃えて全役員について同時に改選を行うことができます。

2 総(代)会終結時までの任期の伸長

総(代)会において選出される理事の任期は、総(代)会の開催日が毎年一定の日ではないことから、任期満了の日を最終の事業年度に関する通常の総(代)会の終結の時まで伸長することが認められています（同法36条4項）。たとえば、6月25日の通常総(代)会で選任された理事の任期を2年後の6月28日の通常総(代)会の終結までとすることができます。

> **Column　通常総(代)会が開催できない場合の役員の任期**
>
> 通常総(代)会が実質的決議に到達する見通しの立たないまま、いたずらに紛糾を続けている場合や通常総(代)会の招集がなされないまま招集時期を経過した場合には、役員の任期がそのまま伸長されると解するのではなく、通常総(代)会を招集すべき月の経過をもって任期満了となると解されます（東京高決昭和60・1・25金融・商事判例716号3頁参照）。

4　理事の選出手続等

1　理事の選出手続

理事は、総(代)会において選挙または決議によって選出されます（中企法35条3項・8項～12項・55条6項）。どちらの選出方法をとるかは、あらかじめ定款に定めておいて決めることになります。

(1) 選挙の場合

　選挙は、無記名投票、1人1票で行われるのが原則です（中企法35条8項・9項）。

　出席者中に異議がないときには、指名推選による選挙（「理事候補者として○○が適任であり是非推薦したいが、賛同いただけますでしょうか」と特定の者を指名して選挙する方式で、出席者全員一致による承認が得られれば当選）も可能です。

(2) 選任の場合

　総(代)会の議案として、候補者を上程し、出席者の議決権の過半数で決議する方法です。

2　創立当初の理事の選出

　創立当初の理事は、創立総会において選挙・選任の手続をとります（中企法35条3項）。新設合併の場合の合併当初の理事は設立委員によって選任されます（同法64条2項）。

3　理事変更の届出

　理事の就任等の変更があった場合は行政庁に届け出なければなりません（中企法35条の2、中企法施行規則61条）。

II 理事の終任

1 理事の終任

1 理事の終任事由

　理事は、任期満了、辞任および解任のほか、死亡したり、破産手続開始決定や後見開始の審判を受けた場合の委任契約の終了事由（民法653条）に該当した場合にも理事としての地位を当然に喪失します。

　また、任期中に役員の欠格事由（協金法5条の4）に該当した者も理事としての地位を当然に喪失します。

2 退任届出

　理事の退任等の変更があった場合は行政庁に届け出なければなりません（中企法35条の2、中企法施行規則61条）。

2　理事の辞任

1　理事の辞任できる時期

　理事は、いつでも辞任することができます。
　理事と信用組合の関係である委任は、個人的な信頼関係を基礎とする契約なので、相手方への信頼を失った場合にいつでも関係を解消できるように、各当事者はいつでもその解除をすることができると定められています（中企法35条の3、民法651条1項）。

2　辞任の方法

　理事は、信用組合に対する意思表示を行うことで、理事会・総（代）会の承認などの手続も要せずに辞任することができます。
　辞任の効果は、意思表示が信用組合に到達した時点で生じます。辞任の意思表示は通常は辞任届や辞表でなされますので、これらの書面が信用組合に到達したときに辞任の効果が生じます。
　「信用組合に到達」は、自己以外の代表理事がいればその者に、自己以外の代表理事がいなければ、理事会を招集して理事会に対して意思表示をすることになります（東京高判昭和59・11・13金融・商事判例714号6頁参照）。
　もっとも、理事が欠員となる場合には、新理事が就任するまでの間、権利義務理事として職務を処理する義務（残任義務）が生じます（中企法36条の2）。

第2章 理事の選出・終任、報酬等の決定等

3 理事の解任手続

1　組合員による役員改選請求

(1)　改選請求の要件

　組合員は、総組合員の5分の1（定款でこれを下回る割合を定めたときは、その割合）以上の連署をもって、役員の改選を請求することができます（中企法42条1項）。

　総代会制度をとる信用組合の場合には、「総組合員の5分の1以上」または「総総代の5分の1以上」のいずれかの連署をもって、役員改選を請求することができると解します。

> **Column　総代会制度における解任請求の要件**
>
> 1　改選請求の連署の要件について、総代会制度をとる信用組合の場合に、「総総代の5分の1以上」と読み替えるべきかどうか（中企法55条6項）について争いになり得ます。
> 2　この役員改選請求は、少数組合員による役員のリコールを認める権利です。
> 　総代会制度をとる信用組合において「総組合員の5分の1以上の連署は集まったが、総総代の5分の1に満たない」という場合に連署の要件を満たさないと解するのは妥当ではありませんから、「総組合員の5分の1以上」という要件は総代会制度をとる場合でも維持されるべきです。
> 　他方、総代会制度の総代は、組合員の代表として、役員の選挙・選任をして、監督する立場にあることから、役員を監督する

> 実効的な手段として、「総総代の5分の1以上」の少数の総代によって役員改選請求を認めることでガバナンス機能を向上させることが期待できます。このように解したとしても、役員改選には出席総代の過半数の同意が必要となるので、権利が濫用されるおそれも少ないでしょう。
>
> 　したがって、総代会制度をとる信用組合の場合には、「総組合員の5分の1以上」または「総総代の5分の1以上」のいずれかの連署をもって、役員改選を請求することができると解するのが妥当と考えます。

(2) 全役員を対象とする原則

　役員改選請求は、理事の全員または監事の全員について同時にしなければなりません。ただし、役員が法令または定款に違反したことを理由として、当該役員の改選を請求する場合には個別の役員に対する改選請求も可能です（中企法42条2項）。

　これは、多数派組合員の恣意により、少数派組合員の意見を代表する役員のみが改選されるなど、改選請求権が信用組合内部の派閥抗争に利用されることを防止するための規定です。

(3) 改選請求手続

① 信用組合に対して書面等の提出

　役員改選請求は、改選の理由を記載した書面（信用組合の承諾あるときは電磁的方法も可）を信用組合に提出して行います（中企法42条3項・4項、中企法施行令25条、中企法施行規則133条）。

② 臨時総(代)会の開催

　役員改選請求を受けた場合は、理事がその請求を総(代)会の議に付すために請求の日から20日以内に総(代)会会日を設定して招集手

続をとらなければならず（中企法47条2項）、かつ、その総(代)会会日の7日前までに役員に書面等を送付して弁明の機会を与えなければなりません（同法42条5項〜7項・49条・55条6項）。弁明の機会を与えることを怠ると、20万円以下の過料に処せられることがあります（同法115条1項9号）。

(4) 組合員による総(代)会招集手続

請求があったにもかかわらず、請求をした日から10日以内に理事が総(代)会招集の手続をしないときは、改選請求をした組合員は、行政庁の認可を受けて総(代)会を招集することができます（中企法42条8項・48条）。

(5) 改選の同意

開催された総(代)会において、出席者の過半数の同意があったときは、その請求に係る役員は解任となって職を失います（中企法42条1項・55条6項）。

2　内閣総理大臣による理事の解任命令

内閣総理大臣は、信用組合が法令、定款もしくは法令に基づく内閣総理大臣の処分に違反したとき、または公益を害する行為をしたときは、理事の解任を命じることができるとされています（協金法6条1項、銀行法27条）。

Column　総(代)会決議による理事解任の可否の検討（消極）

1　理事を任期中に解任するには、上記のとおり、組合員によ

> る改選請求か内閣総理大臣による解任命令の方法によるしかありません（最判平成16・10・26民集58巻7号1921頁参照）。
> 　2　中企法は、役員の選出方法として選挙（無記名投票で1人1票）という最も民主的な選出手段を原則として定めています。
> 　また、役員改選請求は、改選請求された役員に総(代)会における弁明の機会を保障した、役員の地位安定等に配慮された特別の手続です。
> 　また、協金法5条の5は、取締役の解任手続を定めた会社法339条を準用していません。
> 　そのようなことから、信用組合役員の解任は、改選請求（中企法42条）によらなければならないと解するべきでしょう。
> 　3　理事会の発議による総(代)会において、理事の解任を決議したとしても、決議は無効とされる可能性が高いと思われますのでご注意ください。

4　理事欠員の対応

1　理事の補充

(1)　定数を下回った場合の補充期間

　役員の定数の3分の1を超えるものが欠けたときは、3か月以内に補充をしなければなりません（中企法35条7項）。この義務に違反した場合は、20万円以下の過料に処せられることがあります（同法115条1項14号）。

(2) 補充義務の緩和

　本来、理事は、職務執行上必要な員数が選任されているのですから、定数から1人でも欠ければ速やかに補充しなければならないはずです。

　中企法は、この補充の時期について、「役員の定数の3分の1を超えて欠けたときから3か月以内」という範囲で猶予を設けて、その補充義務を緩めているのです。

　たとえば、理事の定数の定めが「10名以上15名以内」の信用組合において、理事を12名選任していた場合は、12名が理事の定数となります。

　このうち、病気、死亡や理事の欠格事由等によって4名が退任となったとしても、まだ理事は8名残っていますので、次の総(代)会の際に総数10名以上の理事を選任すれば足ります。

　しかし、さらに1名が退任して7名となった場合には、定数（12名）の3分の1を超えるものが欠けたことになりますから、その最後の1名が退任したときから3か月以内に総(代)会を開催し、少なくとも3名の理事（定款上の最低員数10名を満たす員数）を新たに補充しなければなりません（下限を定数とする実務上の見解に従えば、4名が退任となった時点で3か月以内の補充義務が生じます）。

(3) 業務に支障がないよう早期に補充

　もっとも、当初は、職務執行の必要上12名の理事が必要であるとして選任されていたはずです。欠員が3分の1を超えていないから補充しなくてもよいというのではなく、補充義務の適用の有無にかかわらず、業務上の支障が生じないように必要な人員をなるべく早

く補充をするようにしましょう。

(4) 員内理事の早期補充

上記12名の理事の構成が、員内理事8名、員外理事4名だった場合は、員内理事が1名でも欠ければ、員内理事の割合が定数の3分の2を満たさないことになります（中企法35条4項）。員内理事が欠けた場合には、早急に総(代)会を開催して員内理事を補充する必要があります（下限を定数とする実務上の見解に従えば、員内理事が7名いれば定数（10名）の3分の2を超えていることになるため、員内理事を補充する必要はなさそうです）。

(5) 残任期間の同一化

なお、増員・補充された役員の任期が、他の役員の任期の終期と揃うように、定款には、あらかじめ「増員により選任された理事および監事の任期は、他の理事および監事の残任期間と同一とする」等と定めておいたほうがよいでしょう。

2　欠員を生じた場合の措置

次の場合には、任期満了または辞任により退任する理事は、新理事が就任するまでの間、理事としての権利義務（権限ないし責任）を有することになります（中企法36条の2）。

　a　全理事が退任していなくなる場合（理事が欠けた場合）
　b　理事が3名以下となる場合（法律で定めた理事の員数が欠けた場合）
　c　定款で定めた理事の員数の下限に満たない場合

これは、理事が欠けることによる混乱を回避するための規定です。

もっとも、この規定は、理事が任期満了または辞任により退任する場合に限られます。理事が死亡、解任、理事の欠格事由の発生、定款所定の資格喪失によって欠けたときにまで、当該理事に権利義務を継続させることは適切ではないからです。

Ⅲ 理事の報酬等の決定手続

1　理事の報酬等の決定

　理事の報酬等（報酬、賞与、退職慰労金その他の職務執行の対価として信用組合から受け取る財産上の利益）は、定款で定めるか、定款に定めのないときは総（代）会の決議により定められます（協金法5条の5、会社法361条1項、中企法55条6項）。

　一般的には、理事全員の報酬の総額または最高限度額の形で決定されます。

　総（代）会の決議で総額（最高限度額）を定めた場合には、その後新たな決議がなされるまでその決定は有効です。

2　定款の定めまたは総（代）会の決議による決定

　理事の報酬等の決定は、本来は業務執行に関わる事項のため、理事会または代表理事の権限に属するものになります。

　しかし、理事が自分の報酬を自分で決められるとなれば、いわゆる「お手盛り」の弊害（多額の報酬が決定されて信用組合が損害を被るおそれ）が生じることになるため、その決定を定款または総

(代)会の決議で定めることにしています。

3 実際の決定方法

　実務上は、理事の報酬等は総(代)会で定めているほうが多いのではないでしょうか。定款変更は厳格な特別決議（総組合員（総総代）の半数以上が出席し、その議決権の3分の2以上の多数による決議）によらなければならないため（中企法53条1号・55条6項）、報酬等を定款で定めると手続が煩雑となるからです。

4 報酬等を定める際の必要事項

　報酬等は、以下の事項を定めなければなりません。
　a　報酬等の額が確定しているものは、その額
　b　報酬等の額が確定していないもの（業績等に連動する賞与など）は、その具体的な算定方法
　c　金銭ではない報酬等は、その具体的な内容

5 総(代)会の決議で定める場合

　総(代)会の決議で定める場合には、全理事に支給する総額（最高限度額）を定めて、その範囲内での各理事への具体的な配分は理事会に一任する旨の決議をすることもできます（総額（最高限度額）を定めずに額の決定および支払を無条件で理事会に一任する旨の総(代)会の決議は無効です）。

Ⅳ 代表理事の選定・解職、その他の手続

1 代表理事の選定・解職手続

1 代表理事の選定手続

(1) 理事の中から選出

　代表理事は、理事会において理事の中から選定されますので（中企法36条の8第1項）、まず理事として選任されている必要があります。

(2) 決議要件（定足数・可決要件）

　代表理事選定の理事会決議は、議決に加わることができる理事の過半数が出席（定足数）し、その過半数の賛成（可決要件）をもって行われます。

(3) 代表理事の人数

　代表理事の人数には制限がないので、複数人選定することもできます。実務上は、定款等の定めに基づいて、理事長、副理事長、専

務理事といった肩書きで代表理事が選定されています。

　当該代表理事の選定の決議には、候補者となる理事も当然に議決権を行使することができます。

2　代表理事の解職

(1)　決議要件（定足数・可決要件）

　中企法上は、理事会に代表理事の解職権限を明記していませんが、解釈上、理事長の選定権者である理事会には理事長の解職権もあるとされます（第4章・Ⅰ・2・3「代表理事の選定および解職」参照）。

　代表理事解職の理事会決議も、代表理事の選定の際と同様に、議決に加わることができる理事の過半数が出席（定足数）し、その過半数の賛成（可決要件）をもって行われます。

(2)　当該代表理事の決議への不参加

　解職の対象とされた代表理事は、特別利害関係人として、解職の決議に参加することはできません（最判昭和44・3・28民集23巻3号645頁。中企法36条の6第2項）。理事は信用組合に対して忠実義務を負っていますが（同法36条の3第1項）、当該議決に個人的な利害関係を有している理事は、その議決の際に適切な判断がなされないおそれがあるからです。

　このように、代表理事の選定と解職で議決権行使の可否が異なるのは、忠実義務の観点から質的な相違があるためです（第4章・Ⅱ・2・4・(3)「議決に参加できない理事（特別利害関係を有する理事）」参照）。

解職決議の際、自己の解職の決議がなされる理事は、当該決議から排除されなければ決議が無効となるため、議事に参加させることはできません。議長は、当該理事に退室してもらう必要があります。

　また、当該理事が議長を務めている場合には、解職の議案については議長になることができませんので（東京高判平成8・2・8資料版商事法務151号142頁参照）、あらかじめ定めた順位や別途の互選により他の理事を議長とし、改めて定足数を充足していることを確認したうえで決議を行う必要があります。

(3) 　解職決議の効果

　代表理事は、解職が行われた場合でもその代表権がなくなるだけですので、辞任しない限り理事として信用組合に残ります。

(4) 　解職決議の効力発生時期

　代表理事の解職決議の効果は、決議によってただちに効力を有し、代表理事本人への告知は必要ありません（最判昭和41・12・20民集20巻10号2160頁参照）。

2　代表理事の辞任

1　代表理事の辞任できる時期

　代表理事は、いつでも辞任することができます。

　代表理事は他の理事らの受任者です。信用組合の受任者である理事がいつでも理事を辞任できるのと同じように（第2章・Ⅱ・2「理事の辞任」参照）、代表理事も信用組合に対する意思表示を行えば、

理事会・総(代)会の承認などの手続も要せずにいつでも辞任をすることができます(中企法35条の3、民法651条1項)。

2　辞任の方法

辞任の意思表示の相手方は、自己以外の代表理事がいればその者に、自己以外の代表理事がいなければ、理事会を招集して理事会に対して意思表示をすることになります(東京高判昭和59・11・13金融・商事判例714号6頁参照)。

代表理事は、辞任して理事にとどまることもできますが、理事を辞任する場合には当然に代表理事も辞任したことになります。

3　代表理事の選任・退任等の届出・登記

代表理事の異動等が生じた場合には、2週間以内に変更の届出をし(中企法35条の2)、変更登記も必要になります(同法85条1項)。

第 3 章

監事の選出・終任、報酬等の決定等

I 監事の選出手続等

1 監事の定数

1 監事の定数の定め方

(1) 監事の定数

　監事の定数は、1名以上です（中企法35条2項）。さらに、預金等総額が50億円以上で、かつ、員外預金比率10％以上の信用組合の場合は、2名以上の監事を置き、そのうち1名以上を員外監事としなければなりません（協金法5条の3、協金法施行令2条各項、中企法9条の8第2項4号）。
　この定数は、定款に絶対に記載しなければならない事項ですので（同法33条1項11号）、定めた定数を定款に記載します。

(2) 定数の定め方

　監事の定数を定めるには、「自組合の監事としての職務に必要な員数は何名なのか」という観点が重要になります。
　監事の定数を「4名」等と確定数で定めることもできますが、実

務上は、「2名以上4名以内」と幅をもたせて規定することが大半です。

2 「監事の定数」＝「選任された監事の員数」

定款上「監事の定数」を確定数で定めた場合にはその員数が定数となります。

上限・下限の幅で定めた場合は、実際に総(代)会で選任された監事の員数（実数）が定数というのが筆者の見解ですが、実務上は下限が定数と考えられています（第2章・Ⅰ・1・2「『理事の定数』＝『選任された理事の員数』」参照）。

3　特定信用組合における常勤監事の選定

特定信用組合は、監事の互選により、監事の中から常勤監事を選定しなければなりません（協金法5条の8第13項、会社法390条3項。第1章・Ⅰ・5「常勤監事」参照）。

4　監事の定数を欠いた場合

監事の定数の3分の1を超えるものが欠けたときは、3か月以内に補充しなければなりません（中企法35条7項）。

たとえば、監事の定数の定めが「2名以上5名以内」の信用組合において、監事を4名選任していた場合は、その4名が監事の定数となります。このうち2名が欠けたときは、その2人目の監事が退任等となったときから3か月以内に、総(代)会を開催して新たな監事を選任・補充しなければなりません（下限を定数とする実務上の見解に従えば、1名が退任となった時点で即補充義務が生じることになります）。

また、員外監事の選任が義務付けられている信用組合において、員外監事が欠けた場合には、早急に総(代)会を開催して員外監事を補充する必要があります。

2 資格制限

1 法律上の欠格事由

(1) 監事の欠格事由（協金法5条の4）

次に掲げる者は、監事になることはできません。銀行の監査役は、取締役等の職務の執行の監査を的確、公正かつ効率的に遂行することができる知識および経験を有し、かつ、十分な社会的信用を有する者でなければならないという積極的な適格性の要件が定められていますが（銀行法7条の2第1項2号）、協金法や中企法には、このような定めはなく、欠格事由に該当しない者は誰でも監事になることができます。

　a　法　人
　b　破産手続開始の決定を受けて復権を得ない者
　c　成年被後見人、被保佐人、外国の法令上これらと同様に取り扱われている者
　d　協金法、中企法、会社法、一般社団法人・一般財団法人に関する法律、金融商品取引法、破産法・民事再生法等の倒産処理手続に関する法律に定める特定の罪を犯し、刑に処せられ、その執行を終わり、またはその執行を受けることがなくなった日から2年を経過しない者

e　d以外の法令の規定に違反し、禁錮以上の刑に処せられ、その執行を終わるまで、またはその執行を受けることがなくなるまでの者（刑の執行猶予中の者を除きます）

なお、「成年被後見人等の権利の制限に係る措置の適正化等を図るための関係法律の整備に関する法律」案が提出されて、各種法人関係役員の欠格事由が見直されようとしています（平成30年3月執筆時現在）。

この法案が成立すれば、協金法5条の4第3号に規定された「成年被後見人若しくは被保佐人又は外国の法令上これらと同様に取り扱われている者」という欠格事由が「心身の故障のため職務を適正に執行することができない者として内閣府令で定めるもの」と改められ、成年被後見人等が欠格事由から外れることになります。

ただし、民法653条3号の「受任者が後見開始の審判を受けたこと」という委任関係の終了事由は依然として残っていますので、成年被後見人等が役員になることはできますが、役員が後見開始の審判を受けた場合には、資格喪失により退任という扱いになります（再度役員に選任することは可能です）。

(2) 役員と信用組合との法的関係

役員と信用組合の関係は委任です（第1章・Ⅱ・1「信用組合と役員の法的関係」参照）。

委任は個人的信頼関係を特に重視します。したがって、個人ではない法人、判断能力が不十分な者や罪を犯して執行中の者などは、監事になることはできないとされているのです。また、会社法等の企業法秩序に違反した者は特に厳しく資格を制限されています。

監事の就任中に破産手続開始決定があった場合や後見開始の審判

を受けた場合には、委任契約は終了しますので当然に退任となります（民法653条）。

なお、上記欠格事由ｂ「破産手続開始の決定を受けて復権を得ない者」についての会社法上の規定（会社法331条１項・335条１項）との関係は、理事の資格制限（第２章・Ⅰ・２・１・(2)「理事の資格制限の趣旨」）を参照ください。

２　員外監事の「員外要件」

員外監事が満たさなければならない要件は次のとおりです（協金法５条の３。第１章・Ⅰ・４・１「員外監事とは（「員外要件」）」参照）。

　ａ　当該信用組合の組合員または当該信用組合の組合員たる法人の役員・使用人以外の者（信用協同組合連合会の監事については、当該信用協同組合連合会の会員たる中企法８条５項に規定する組合または協同組合の役員または使用人以外の者）

　ｂ　就任前５年間、当該信用組合の理事・使用人または当該信用組合の子会社の取締役・執行役・会計参与（会計参与が法人であるときは、その職務を行うべき社員）・使用人でなかったこと

　ｃ　当該信用組合の理事または参事その他の重要な使用人の配偶者または二親等以内の親族以外の者であること

３　常勤監事の「常勤要件」と兼職または兼業の制限

常勤監事は、他に常勤の仕事をもたずに、信用組合の営業時間中原則としてその信用組合の監査役の職務に専念しなければなりません。

したがって、常勤監事を２つ以上兼任することはできません（江

頭憲治郎『株式会社法　第7版』540頁、第1章・Ⅰ・5・1「常勤監事」参照)。

　他の法人の非常勤役員等を兼ねることはできますが、もし常勤監事に選定された者の勤務状態が「常勤」に値しない場合には善管注意義務違反の問題が生じます（その選定が無効となったり、当該常勤監事の監査が無効になるわけではありません)。

4　兼任の禁止

　監事は、信用組合の理事・使用人と兼任することはできません（中企法37条1項。第1章・Ⅱ・3・2「監事の兼任禁止」参照)。

　業務執行監査の主体と客体を分離し、監査の実効性を図る必要性から定められた規定です。

3　監事の任期

1　監事の任期

(1)　任期の短縮・伸長

　監事の任期は、4年以内の定款で定める期間です（中企法36条2項。ただし、設立時の監事の任期は1年以内で創立総会において定められた期間（同条3項）とされ、合併により設立された信用組合の監事は最初の通常総会の日まで（同法64条3項）とされています。創立当初の役員の場合、その適格性が十分判断された結果選ばれたとはいえないことから、組合員の信任を問う機会を早期に与えるためです)。

任期を伸長することはできませんが、定款で定めることにより短縮することはできます。もっとも、理事よりも監事の任期の最長期間のほうが長く設定されているのは、監事の身分保障を強化し、監査の実効性をあげるためのものです。このような経緯に鑑みますと、監事の任期を定款で短縮しようとする場合には、相応の理由が必要になるものと考えます。なお、株式会社の監査役の場合は任期の短縮は認められていません（公開会社でなければ、10年まで任期を伸長することはできます（会社法336条1項・2項））。

(2) **補欠役員の任期**

補欠役員として選任された場合の任期は法定されていませんが、定款の定めにおいて、前任者の残任期間を任期とする旨を定めておくとよいでしょう。そうすれば、他の在任中の役員の任期と終期を揃えて全役員について同時に改選を行うことができます。

2　総(代)会終結時までの任期の伸長

総(代)会において選任される監事の任期は、総(代)会の開催日が毎年一定の日ではないことから、任期満了の日を最終の事業年度に関する通常の総(代)会の終結の時まで伸長することが認められています（中企法36条4項）。たとえば、6月25日の通常総(代)会で選任された監事の任期を4年後の6月28日の通常総(代)会の終結までとすることができます。

4 監事の選出手続等

1 監事の選出手続

　監事は、理事と同様に、総(代)会において選挙または決議によって選出されます（中企法35条3項・8項〜12項・55条6項）。どちらの選出方法をとるかは、あらかじめ定款に定めておいて決めることになります。

(1) 選挙の場合

　選挙は、無記名投票、1人1票で行われるのが原則です（中企法35条8項・9項）。

　出席者中に異議がないときには、指名推選による選挙（「監事候補者として○○が適任であり是非推薦したいが、賛同いただけますでしょうか」と特定の者を指名して選挙する方式で、出席者全員一致による承認が得られれば当選）も可能です。

(2) 選任の場合

　総(代)会の議案として、候補者を上程し、出席者の議決権の過半数で決議する方法です。

2 創立当初の監事の選出

　創立当初の監事は、創立総会において選挙・選任の手続をとります（中企法35条3項）。新設合併の場合の合併当初の理事は設立委員によって選任されます（同法64条2項）。

3　監事変更の届出

監事の就任等の変更があった場合は行政庁に届け出なければなりません（中企法35条の2、中企法規則61条）。

4　監事の選任についての意見陳述権

監事は、総(代)会において、監事の選任や自らが再任されないことについて意見を述べることができます（協金法5条の6、会社法345条1項・2項）。

監事の意見陳述権を保障することにより、監事と執行部との意見が割れた場合に、監事は、組合員（総代）にその意見を伝えて判断を仰ぐことができることから、監事の地位の安定と強化が図られています。

4　特定信用組合の監事選任の同意権・請求権

(1)　監事の事前同意

特定信用組合の場合、理事が監事の選任に関する議案を総(代)会に提出するためには、事前に監事の過半数の同意を得なければなりません（協金法5条の8第13項、会社法343条1項）。

(2)　選任議案提出の請求

特定信用組合の監事は、理事に対して、監事の選任を総(代)会の目的とすること、または監事の選任に関する議案を総(代)会に提出することを請求することができます（協金法5条の8第13項、会社法343条2項）。

(3) 事前同意・請求の趣旨

　特定信用組合においては、監事の過半数の同意を得られない者を監事に選任できないようにしたり、積極的に特定の者を監事とするよう請求できるようにすることで、執行部が恣意的に監事の人事を行うことを防止して監事の地位を強化しているのです。

(4) 事前同意の時期

　監事選任の同意を得る時期は、法律上定められていません。しかし、実務上は、理事会において総(代)会に上程する監事選任議案を決定する前に同意を得ておくほうがよいでしょう。監事の過半数の同意を得てから理事会に諮るようにすることで監事選任の同意権の強化につながるからです（仮に、理事会の決定を得た後に監事の過半数の同意が得られないとすれば、再度、理事会の決議を取り直す必要が生じて不経済だという側面もあります）。

II 監事の終任

1 監事の終任

1 監事の終任事由

　監事は、任期満了、辞任および解任のほか、死亡したり、破産手続開始決定や後見開始の審判を受けた場合の委任契約の終了事由（民法653条）に該当した場合に監事としての地位を当然に喪失します。

　また、任期中に監事の欠格事由（協金法5条の4）に該当した者は、監事としての地位を当然に喪失します。

2 退任届出

　監事の退任等の変更があった場合は行政庁に届け出なければなりません（中企法35条の2、中企法施行規則61条）。

2　監事の辞任

1　辞任の手続

(1)　監事の辞任できる時期

監事は、いつでも辞任することができます。

監事と信用組合の関係である委任は、個人的な信頼関係を基礎とする契約なので、相手方への信頼を失った場合にいつでも関係を解消できるように、各当事者はいつでもその解除をすることができると定められているのです（中企法35条の3、民法651条1項）。

(2)　辞任の方法

監事は、代表理事に対する意思表示を行えば、総(代)会の承認などの手続も要せずに辞任することができます。

もっとも、監事が欠員となる場合には、新監事が就任するまでの間、権利義務監事として職務を処理する義務（残任義務）が生じます（中企法36条の2）。

2　辞任監事の総(代)会出席・辞任理由等の陳述権

辞任をした元監事は、総(代)会において、出席して辞任した旨およびその理由を述べることができます（協金法5条の6、会社法345条2項）。

辞任した監事は、組合員等の他の資格に基づかない限り総(代)会に出席できないのが原則ですが、辞任後最初に招集される総(代)会

に限り、出席が認められています。したがって、総(代)会を招集する理事は、辞任した監事に対しても招集通知を送付しなければなりません（第1章・Ⅰ・3・2・(3)・③「監事の選解任・辞任についての意見陳述」参照）。

辞任した元監事に陳述の機会を与えることで、監事が執行部との軋轢から、その意に反して辞任した場合等にその旨を組合員（総代）に伝えることができ、監事の地位の安定と強化につながります。

3 監事の辞任についての意見陳述権

監事は、総(代)会において、他の監事の辞任について意見を述べることができます（協金法5条の6、会社法345条4項・1項）。

監事が、他の監事の辞任についての意見を述べる機会を保障することにより、監事の地位の安定と強化につながります。

3 監事の解任手続

1 組合員による役員改選請求

(1) 改選請求の要件

理事の場合と同様に、組合員は、総組合員の5分の1（定款でこれを下回る割合を定めたときは、その割合）以上の連署をもって、役員の改選を請求することができます（中企法42条1項。第2章・Ⅱ・3・1「組合員による役員改選手続」参照）。

(2) 全役員を対象とする原則

　役員改選請求は、理事の全員または監事の全員について同時にしなければなりません。ただし、役員が法令または定款に違反したことを理由として、当該役員の改選を請求する場合には個別の役員に対する改選請求も可能です（中企法42条2項）。

(3) 改選請求手続

① 信用組合に対して書面等の提出

　役員改選請求は、改選の理由を記載した書面（信用組合の承諾あるときは電磁的方法も可）を信用組合に提出して行います（中企法42条3項・4項、中企法施行令25条、中企法施行規則133条）。

② 臨時総(代)会の開催

　役員改選請求を受けた場合は、理事がその請求を総(代)会の議に付すために請求の日から20日以内に総(代)会会日を設定して招集手続をとらなければならず（中企法47条2項）、かつ、その総会会日の7日前までに役員に書面等を送付して弁明の機会を与えなければなりません（同法42条5項～7項・49条・55条6項）。弁明の機会を与えることを怠ると、20万円以下の過料に処せられることがあります（同法115条1項9号）。

(4) 組合員による総(代)会招集手続

　請求があったにもかかわらず、請求をした日から10日以内に理事が総(代)会招集の手続をしないときは、改選請求をした組合員は、行政庁の認可を受けて総(代)会を招集することができます（中企法42条8項・48条）。

(5) 改選の同意

開催された総(代)会において、出席者の過半数の同意があったときは、その請求に係る役員は解任となって職を失います(中企法42条1項・55条6項)。

2 内閣総理大臣による監事の解任命令

内閣総理大臣は、信用組合が法令、定款もしくは法令に基づく内閣総理大臣の処分に違反したとき、または公益を害する行為をしたときは、監事の解任を命じることができるとされています(協金法6条1項、銀行法27条)。

4 監事欠員の対応

1 監事の補充

(1) 定数を下回った場合の補充期間

監事の定数の3分の1を超えるものが欠けたときは、3か月以内に補充をしなければなりません(中企法35条7項)。この義務に違反した場合は、20万円以下の過料に処せられることがあります(同法115条1項14号)。

(2) 補充義務の緩和

本来、監事は、職務のため必要な員数が選任されているのですから、定数から1人でも欠ければ速やかに補充しなければならないは

ずです。

　中企法は、この補充の時期について、「役員の定数の3分の1を超えて欠けたときから3か月以内」という範囲で猶予を設けて、その補充義務を緩めているのです。

　たとえば、監事の定数の定めが「2名以上5名以内」の信用組合において、監事を4名選任していた場合は、その4名が監事の定数となります。このうち2名が欠けたときは、その2人目の監事が退任等となったときから3か月以内に、総(代)会を開催して新たな監事を補充しなければなりません（下限を定数とする実務上の見解に従えば、1名でも退任となれば即3か月以内の補充義務が生じることになりそうです）。

(3)　員外監事が欠けた場合

　員外監事の選任が義務付けられている信用組合において、員外監事が欠けた場合には、早急に総(代)会を開催して員外監事を補充する必要があります。

(4)　残任期間の同一化

　増員・補充された監事の任期が、他の監事の任期の終期と揃うように、定款には、あらかじめ「増員により選任された理事および監事の任期は、他の理事および監事の残任期間と同一とする。」と定めておいたほうがよいでしょう。

2　欠員を生じた場合の措置

　理事と同様、次の場合には、任期満了または辞任により退任する監事は、新監事が就任するまでの間、監事としての権利義務（権限

ないし責任)を有することになります(中企法36条の2)。
　a　全監事が退任していなくなる場合(監事が欠けた場合)
　b　法律で定めた監事の員数が欠けた場合
　c　定款で定めた監事の員数の下限に満たない場合
　この規定は、任期満了または辞任による監事の退任にのみ適用され、死亡、解任、理事の欠格事由の発生、定款所定の資格喪失によって監事が欠けることになるときは適用がありません。

Ⅲ 監事の報酬等の決定手続

1 報酬等の決議方法

　監事の報酬等（報酬、賞与、退職慰労金その他の職務執行の対価として信用組合から受け取る財産上の利益）は、定款でその額を定めるか、総(代)会の決議により定められます（協金法5条の6、会社法387条1項、中企法55条6項）。

　一般的には、監事全員の報酬の総額または最高限度額の形で決定されます。

　総(代)会の決議で総額（最高限度額）を定めた場合には、その後新たな決議がなされるまでその決定は有効です。

2 定款の定めや総(代)会の決議がない場合

1　定款または総(代)会の決議により監事全員の報酬総額または最高限度額枠は決定されているものの各監事1人ひとりの報酬等については定款の定めまたは総(代)会の決議がないときは、その総額(枠)の範囲内で、協議によりその配分を決めることになります（協金法5条の6、会社法387条2項）。ここでいう「協議」とは、

全員一致の決定をいいます。協議が不調の場合、信用組合は監事に報酬等を支払うことはできません。

2　理事の報酬等の決定が定款または総(代)会の決議によるとされているのは、いわゆる「お手盛り」の弊害であるのに対して（第2章・Ⅲ「理事の報酬等の決定手続」参照）、監事の報酬等の決定が定款または総(代)会の決議によるとされているのは、監事の適正な報酬等を確保して監事の独立性を確保するためです。

　したがって、総(代)会において理事の報酬等の決議と一括して監事の報酬等を決議することは認められません。また、監事の報酬等の総額の範囲で、各監事への配分を理事会に一任することもできません（理事会や代表理事が配分の原案を示すことはその原案に拘束力がないので許されると解されています）。

3　報酬等についての意見陳述

監事は、総(代)会において、報酬等について意見を述べることができます（協金法5条の6、会社法387条3項、中企法55条6項）。

第4章

理事会

I 理事会の役割

1　理事会

　理事会は、「組合の業務の執行」を決するためにすべての信用組合に設置される機関です（中企法36条の5第1項・3項）。

　理事会は、理事全員が構成メンバーとなって組織される会議体であり（同条2項）、理事間の十分な意見交換と討議を通じて、的確で合理的な業務執行の決定等の意思形成を図ることが期待されています。

2　理事会の権限

1　信用組合の業務執行の決定

(1)　業務執行の決定とその委任

　理事会は、総(代)会の専決事項（中企法51条1項・53条等）以外のいかなる業務執行に関する事項も決定することができます（信用組合の業務に関する意思決定機関）。

第 4 章　理事会

　理事(代表理事)は、その理事会の決定に基づいて職務を執行するのが原則です(執行機関)。

　もっとも、個々の貸出等の日常業務まで、すべての業務執行の決定を理事会で行うことは非効率ですから、理事会は、中企法や定款において理事会の専決事項と定められた事項を除いて、その職務を代表理事に委任することができます(むしろ、信用組合の日常の業務は当然に代表理事(のうちの少なくとも1人)に委任されていると推定されます。江頭憲治郎『株式会社法　第7版』414頁参照)。

(2)　理事会での専決事項

　中企法等で理事会の専決事項として定められているのは次の事項です。

① 　代表理事の選定(中企法36条の8第1項)
② 　利益相反取引の承認(同法38条1項)
③ 　顧問、参事および会計主任の選任(同法43条本文・44条)
④ 　総(代)会の招集の決定(同法49条2項・55条6項)
⑤ 　計算書類、事業報告および附属明細書の承認(協金法5条の7第4項)

(3)　その他理事会の決議事項にすることを検討すべき事項

　法で定められた理事会の専決事項のほかには、定款・理事会規程等において理事会の決裁事項とすべき事項を定める際、会社法における下記の取締役会の専決事項が参考になります(会社法362条4項)。

① **重要な財産の処分および譲受け(会社法362条4項1号)**

　「財産」には、不動産、有価証券、動産、設備、債権、金銭、知的財産権など、会社の有する全財産が含まれます。

「処分」とは、財産の譲渡、賃貸、実施・使用許諾、担保設定、貸付け、出資、寄付、債務免除、債権放棄、廃棄処分などが含まれます。

普通預金を引き出して現金にすることは、財産に実質的な変化をもたらさないため、この「処分」には該当しませんが、現金を拘束預金とするような場合には「処分」に該当すると考えることになるでしょう。

「譲受け」には、財産を譲り受ける場合だけではなく、賃借するために多額の権利金を支払い、長期間拘束されるような場合も含まれると解されています。

会社法上では、これらの財産の処分または譲受けが「重要」なものであるか否かは、a量的な側面（当該財産の価額、その会社の総資産に占める割合）と、b質的な側面（保有目的、処分行為の態様および会社における従来の取扱い）等の事情を総合的に考慮して判断されることになります（最判平成6・1・20民集48巻1号1頁参照）。

② 多額の借財（会社法362条4項2号）

「借財」とは、借入れだけではなく、約束手形・為替手形の振出、債務保証、ファイナンス・リース、デリバティブ取引など、社会通念上金銭消費貸借契約と同視すべき金銭債務負担行為が含まれます。

会社法上、「多額」なものであるか否かは、上記の「重要な財産の処分および譲受け」と同様に判断され、a当該借財の額・総資産および経常利益等に占める割合、b当該借財の目的および会社における従来の取扱い等の事情を総合的に考慮して判断されています（東京地判平成26・9・16金融・商事判例1453号44頁参照）。

信用組合において、これを理事会の決裁事項と定める場合には、借財について、信用組合の規模、業績および財務状態等に照らして、

保守的な額面を基準に設定しておくほうがよいでしょう。そうすることで、その基準以上の金額の借財はすべて理事会の決議事項となります。「多額の借財」に該当する取引が理事会決議事項から漏れてしまうことを防いで画一的な事務処理による効率化を実現することができます。

③ 支配人その他の重要な使用人の選任および解任（会社法362条4項3号）

会社法上の「支配人」とは、信用組合における参事にあたる者です。会社に代わって、その事業に関する一切の裁判上または裁判外の行為をする権限を与えられています。

中企法上は、参事のほか、顧問と会計主任の選任のみが理事会の決議事項とされていますが（中企法43条・44条）、それ以外にも、参事に準ずる重要性を有する使用人の選任も理事会の決議事項としておくほうがよいでしょう。重要な使用人とは、たとえば、執行役員や支店長等が考えられます。ただし、その判断基準は、肩書きではなく、任務や権限の重要性によるべきです。同じ「支店長」という肩書きであっても、支店の大小などによって任務の重要性も異なってくるとすれば、職務等級等を設けて、それを理事会の決議事項の基準とすることも考えられます。

また、理事の人事に関する事項（理事候補者の決定、役付理事の選定・解職、業務執行理事・職務担当の決定など）は、使用人の選任以上に重要といえますから、こちらも理事会の決裁事項と定めておくほうがよいでしょう。

④ 支店その他の重要な組織の設置・変更および廃止（会社法362条4項4号）

会社法上の「支店」とは、本店とは別に独自に業務活動を決定し、

対外的な取引をなしうる実質を備えるものをいい、信用組合における従たる事務所がこれにあたります。

「組織」には、事業部などの部門、常務会・常勤理事会などの会議体、専務・常務などの役付理事の制度、子会社の設立等も含まれます。常務会については、後記第5章・Ⅱ「常務会等の組織」を参照してください。

ほかに、理事の職務の執行が法令および定款に適合することを確保するための体制その他の業務の適正を確保するために必要な体制の整備として、内部統制システムの整備に係る決定を理事会で定めることも考えられます（会社法362条4項6号）。

2　理事の職務執行の監督

理事会は、業務執行の決定をするだけであり、決定された業務の執行は代表理事（およびその指揮命令を受けた職員）によって行われます。

法で定められた理事会の権限には「理事の職務執行の監督」が明文化されていませんが、解釈上、その職務の執行が適正に行われているかを監督する職責が理事会にはあると解されます（取締役会の権限に「取締役の職務の執行の監督」（会社法362条2項2号参照）が明記される以前の昭和56年改正前商法下において、取締役会およびその構成員である平取締役に代表取締役の業務執行についての監視義務を認めた判例があります。最判昭和58・5・22民集27巻5号655頁参照）。

その表れともいえる具体的な条文は次のとおりです。

　　a　理事会の招集権限（中企法36条の6第6項、会社法366条。
　　　ただし、招集権者が定款または理事会の決議で定められている

第4章　理事会

場合に、招集権者以外の理事が招集できるのは、招集権者に招集を請求しても理事会が招集されないときに限ります）
　b　理事会での報告義務（協金法5条の5、会社法357条1項）
　c　理事会の決議を通じた代表理事の解職（中企法36条の8第1項。下記3参照）
　d　業務執行に関する決定の是正（同法36条の5第3項）
　　理事会は理事から職務の執行の状況の報告を受けて、業務執行の決定を行い、代表理事の職務執行が不適切であると判断した場合には解職を行うことを通じて、理事の職務の執行を監督します。

3　代表理事の選定および解職

　理事会は、理事の中から代表理事を選定しなければならないとされていますが（中企法36条の8第1項）、その解職についての定めはおかれていません（会社法362条2項2号は、取締役会の権限に「代表取締役の選定及び解職」と定めています）。

　しかし、「代表理事の解職」の権限が明文で定められていないとしても、選定権の裏返しとして、解釈上、理事会には代表理事を解職する権限も認められることになります（最高裁は、マンション管理組合での管理規約の解釈について、総会で組合員のうちから理事を選任し、その理事の互選により理事長を選任する旨の定めのあるマンション管理規約（理事長の解任の定めはない）を有するマンション管理組合において、理事の互選で選任された理事長を、理事の過半数の一致により理事長の職を解くことができるという判断を示しました。最判平成29・12・18判例時報1690号26頁参照）。

　なお、代表理事を解職されても、理事としての地位は残ります。

理事会は、代表理事の解職権を有することにより、理事長への監督を実効性あるものにしています。

4　理事と信用組合間の取引（利益相反取引）の承認

　理事は、信用組合との利益相反取引（直接取引・間接取引）をしようとする場合、当該取引について重要な事実を開示し、その承認を受けるとともに（中企法38条1項）、取引後遅滞なく、当該取引の重要な事実を理事会に報告しなければなりません（同条3項。第1章・Ⅱ・4「善管注意義務・注意義務の具体的規定②—理事の自己取引等の制限義務」参照）。

(1)　理事会の承認が必要となる直接取引の範囲

　直接取引とは、理事が当事者として、自己のために、または代理人・代表者として第三者のために信用組合とする取引をいいます。具体例は、第1章・Ⅱ・4・1・(1)「直接取引」を参照ください。

　直接取引に当たるというためには、理事と信用組合の利益が相反していることが必要になります。利益相反取引は、理事がその地位を利用して、信用組合の利益の犠牲のもとに自己または第三者の利益を図ることを防止することに趣旨があるためです。

　したがって、取引の類型上、かかる危険がない（抽象的に見て信用組合に損害が生じ得ない）取引については、理事会の承認が不要です。具体的な取引には次のものがあります（第1章・Ⅱ・4・2「利益相反取引制限の趣旨と承認不要の取引」参照）。

　　a　総合口座取引、預金契約、保険等の普通取引約款に基づく定型的取引（東京地判昭和57・2・24判例タイムズ474号138頁参照）

b　理事の信用組合に対する無利息無担保の金銭貸付け（最判昭和38・12・6民集17巻12号1664頁参照、最判昭和50・12・25金融法務事情780号33頁参照）

　c　理事の信用組合に対する贈与、債務引受など

　d　信用組合・理事間で法律上確定している債務の履行（大判大正9・2・20民録26輯184頁等参照）

(2)　理事会の承認が必要となる間接取引の範囲

　間接取引とは、信用組合が理事の債務を保証すること、その他理事以外の者との間で信用組合と理事間の利害が相反する取引をいいます。具体例は、第1章・Ⅱ・4・1・(2)「間接取引」を参照ください。

　規制対象となる間接取引では、「信用組合と当該理事との利益が相反する取引」を緩やかに解する考え方が有力です。

　理事個人だけではなく、理事が役職員を兼務する法人、理事が大株主として実質的な決定権を有している会社なども含まれ得ることになります。こういった関係にある者と信用組合が取引をする場合には、直接取引と同程度の危険性があると考えて、理事会の承認を得ておくべきでしょう。

(3)　承認手続

①　取引前の手続

　理事は、理事会において、当該取引の重要な事実を開示し、その承認を受けなければなりません（中企法38条1項）。

　取引の相手方または取引について利益相反関係にある理事は、特別利害関係を有する理事として、承認の議決に加わることはできません（同法36条の6第2項）。当該理事が当該議決について、議事

に参加した場合や議長として議事を主宰した場合には、当該理事会決議が無効となる場合があり得ますので、当該理事には退席を求め、議長は別の理事が務めるようにしましょう（東京高判平成8・2・8資料版商事法務151号142頁参照。なお、特別利害関係を有する理事が議事に参加した場合で、当該理事を除外してもなお議決の成立に必要な多数が存するときは、その効力は否定されるものではないとした漁業協同組合の事案―最判平成28・1・22金融・商事判例1490号20頁参照）。

開示する「重要な事実」とは、理事会で承認をするべきか否かの判断をするために必要な事実のことをいいます。直接取引であれば、取引の相手方、目的物、数量、価格等といった事項であり、間接取引であれば、信用組合が負担する債務の内容、主債務者の返済能力等がこれに当たります。

重要な事実の開示を怠った場合は、20万円以下の過料に処せられることがあります（同法115条1項19号）。

利益相反取引についての理事会の承認は、事前に得るのが原則です。事後になされた承認（追認）でも有効となるかについては争いがありますが、追認がなされれば利益相反取引行為時に遡って有効となると解する説が有力です（東京高判昭和46・7・14金融・商事判例279号15頁参照）。

承認手続は、通常は普通決議で足りますが（後記第4章・Ⅱ・2・4「決議方法」参照）、利益相反取引のうち、信用組合から信用供与を受ける直接取引の場合の決議要件は、出席理事の3分の2以上（定款で要件を加重した場合にはその定め以上）に加重されています（協金法6条1項、銀行法14条2項）。

② 取引後の手続

　利益相反取引を行った理事は、取引後遅滞なく、理事会に取引についての重要な事実を理事会に報告しなければなりません（中企法38条3項）。この報告をしなかったり、虚偽の報告をした理事は、20万円以下の過料の制裁を受けることがあります（同法115条1項20号）。

　取引後の報告を義務付けているのは、承認済みの取引が、承認の範囲内で行われたかどうかを確認し、理事への責任追及の要否等を判断する機会を与えるためです。

5　監事の監査を受けた計算書類等の承認

　監事の監査を受けた計算書類および事業報告ならびにこれらの附属明細書（特定信用組合においては、会計監査人の監査も受けたもの）については、理事会の承認を受けなければなりません（協金法5条の7第4項。第7章・Ⅲ「決算スケジュール等」参照）。

Ⅱ 理事会の手続等

1　理事会の招集手続

1　開催頻度

　理事会の開催頻度については、特に法律の定めはありません。もっとも、実務上は、理事会で決定しなければならない事項や報告事項が日々発生していくため、多くの信用組合が毎月1回定時理事会を開催しています。

2　招集の流れ

(1)　招集権者

①　各理事による招集

　理事会は、原則として各理事が招集するものとされています（中企法36条の6第6項、会社法366条1項前段）。定款や理事会で特定の理事を招集権者とする定めをしたときは、その定めが優先されます（中企法36条の6第6項、会社法366条1項後段）。

　実務上は、定款等で代表理事である理事長を招集権者とし、理事

長に事故あるときはあらかじめ理事会が定めた順序による旨を定めていることが多いです。

② **招集権者による招集**

定款や理事会で特定の理事を理事会の招集権者と定めた場合には、他の理事は、招集権者に対し、理事会の目的である事項を示して、理事会の招集を請求することができます（中企法36条の6第6項、会社法366条2項）。それでも理事会が招集されないときには、招集権者ではない理事も、自ら理事会を招集することができることになります（中企法36条の6第6項、会社法366条3項）。

③ **監事による招集**

監事にも、理事の不正等を理事会に報告するために理事会の招集を請求し、それでも理事会が招集されないときには自ら理事会を招集することができる権限があります（協金法5条の6、会社法383条2項・3項）。

(2) **招集通知の発送**

理事会を招集する際は、すべての理事および監事に対して、理事会を開催する日の1週間前（定款でこれ以下の期間を定めた場合には、その期間）までに通知を発送しなければなりません（中企法36条の6第6項、会社法368条1項。必ずしも期間内に届いている必要まではありません）。実務上は、この期間を3日前や5日前に短縮している信用組合が多いようです。

招集通知には、日時と場所の特定は必要です。会議の目的、議題などは必ずしも特定を要しません。方式も特に定めはありませんので、口頭で行うこともできます。

なお、理事および監事全員の同意があるときは、招集手続を経る

ことなく理事会を開催することができます（中企法36条の6第6項、会社法368条2項）。

3 開催日時・場所

理事会の日時および場所については、特に法律上の定め・制限はありません。

映像・音声の送受信によって、相互に相手の状態を認識しながら同時に通話できる方式（テレビ会議システムや電話会議システム等）を利用して理事会を開催することもできると考えられています（中企法施行規則66条3項1号の「理事会が開催された日時及び場所（当該場所に存しない役員等（理事、監事又は会計監査人をいう。以下同じ。）又は組合員が理事会に出席をした場合における当該出席の方法を含む。）」という規定は、このような方式があり得ることを当然の前提としています）。

2 理事会の運営

1 定足数

理事会の定足数は、議決に加わることができる理事の過半数となります（中企法36条の6第1項。過半数は理事の定数ではなく、現員数が基準です。議決に加わることができない理事については後記4・(3)「議決に参加できない理事（特別利害関係を有する理事。中企法36条の6第2項）」も参照してください）。

当該理事会の目的となる議題の議決に加わることができる理事が8名であれば、5名以上が出席していなければなりません。定款で

定足数の要件を加重しているときは、その定めに従いますが、定足数を緩和することはできません。

定足数は、議事を開始する際はもちろん、決議の時点においても満たされていなければなりません。議事開始時点で、出席した理事の数が定足数を満たさない場合には、理事会を開催することはできません。開始時刻を遅らせることで定足数を満たすことができそうであれば休憩をはさんで、再度定足数の確認を行う方法もとれますが、そうでない場合には、流会となります。

なお、理事の代理出席は認められません。理事会は、個人的な信頼に基づいて選任された理事が相互の協議・意見交換を通じて意思決定を行う場ですから、本人が直接出席する必要があるのです。

2　議事進行

理事会の議事進行に関する法律上の定めはありませんので、理事会規程等の理事会の定める内部規則や会議に関する慣行に従って行われています。一般的には、議長をおいて議事進行をとり仕切ることが多いです。

Column　「規程」・「規定」・「規約」の違い

1　「規程」と「規定」の違い

「規程」とは、「法令。一定の目的のために定められた一連の条項の総体」をいいます（広辞苑第7版「規程」の項より）。

「規定」とは、「規則や規準を定めること。また、その規則や規準。さだめ」をいいます（広辞苑第7版「規定」の項より）。

理事会の運営方法等を定める規則は「理事会規程」とするのが正しく、その規則のうちの特定の条文（たとえば、理事会規程の10条）のみを指す場合には「第10条の規定」とするのが正しい使

い方です。

2 「規約」と「規程」・「規定」の違い

(1) 「規約」とは

規約は、「組合の業務運営及び事務執行に関して、組合員間を規律する自治規範」として組合員を拘束するものをいいます（全国中小企業団体中央会『第二次改訂版　中小企業等協同組合法逐条解説』158～159頁の中企法34条解説部分参照）。中企法34条や51条1項1号で定められた中企法上の根拠ある法令用語です。

(2) 規約で定めることができる事項

中企法は、次の事項を「規約」で定めることができると定めています（定款で定めなければならない事項は除きます。中企法34条）。

① 総(代)会に関する規定
② 業務の執行および会計に関する規定
③ 役員に関する規定
④ 組合員に関する規定
⑤ その他必要な事項

たとえば、役員の選挙または選任に関する規定（中企法33条1項11号）、理事会の書面・電磁的方法による議決（同法36条の6第3項・4項）、総代の選挙（同法55条2項）は定款で定める事項ですが、その事務的事項や運用細則は規約で定めることができます（「役員選挙規約（または役員選任規約）」、「総代選挙規約」等）。

また、理事会の定足数や決議要件は、定款でも規約でも定めることができます（同法36条の6第1項）。

定款の決議事項や規約で定めなければならない事項以外（職員の職制、労働条件、その他信用組合の事務執行に関するもの等）は、「規程」や「規則」等の内規として定めることができます。

(3) 設定・改廃手続の方法の相違

　規約の設定・改廃は、総会の普通決議で行わなければなりません（同法51条1項2項。なお、定款の変更は総会の特別決議事項です。同法53条1号）。

　他方、定款や規約以外の内規であれば、その設定・改廃を理事会の決議事項とすることもできます。

　定款・規約とそれ以外の内規とでは、その決議機関が異なりますので、規約で定めなければならない事項を「規程」や「規則」として定め、本来行うべき総会決議を欠いて設定・改廃してしまうことがないよう、「規約」とそれ以外の内規とは明確に区別をするようにしましょう。

3　報告事項

(1)　職務執行状況の報告

①　代表理事による職務執行状況の報告の義務付け

　理事会は、解釈上、代表理事の職務執行の監督権限を有しているとされています。その監督権限を実効的にするためには、理事会の構成メンバーである理事が、代表理事の職務執行の状況を把握していなければなりません。しかし、代表理事とそれ以外の理事の間には情報の格差が生じてしまいます。

　したがって、理事は、代表理事に対し職務執行の状況を定期的に報告するよう求めるべきでしょう。たとえば、理事会で決定されている職務執行について、決定時に前提とされていた事情に変更が生じていないのであれば報告を省略できる場合もある一方で、理事会の決定後から重大な変更が生じている場合にはその旨を必ず理事会

に報告するよう求めるということになります。

② 情報・資料の提出

監督をする立場の理事は、代表理事に対し、職務執行の監督のために必要となる情報や資料の提出を求めることができます。

(2) **利益相反取引の事後報告義務（中企法38条3項）**

利益相反取引を行った理事は、取引後遅滞なく、取引についての重要な事実を理事会に報告しなければなりません（中企法38条3項）。それを怠った場合は、20万円以下の過料に処せられることがあります（同法115条1項19号・20号）。

(3) **理事会への報告の省略（中企法36条の6第5項）**

理事が、理事全員に対して、理事会で報告すべき事項を通知したときは、当該事項の理事会への報告を省略することができます。

4　決議方法

(1) **決議要件（中企法36条の6第1項）**

理事会の決議は、議決に加わることができる理事の過半数（定足数）を満たしていることを前提に、出席理事の過半数をもって行われます。議決に参加できる理事が8名の場合、通常は、5名の出席で定足数が満たされていることになり、出席者5名のうち、3名以上が賛成すれば可決されることになります。定款や規約で定足数や議決要件を加重しているときは、その定めに従いますが、緩和することはできません。

第4章　理事会

(2) 可否同数の場合

　理事会の決議は、定款や規約に別段の定めがない限りは、出席理事の過半数をもって行われますから、可否同数の場合には決議は否決となります。

　定款や理事会運営規約において、「可否同数のときは、議長の決するところによる」旨の定めを置いた場合に、かかる定めが有効であるかどうかは議論の分かれるところですが、当初の決議の際に議決権を行使した議長が、再度裁決権を行使することになる当該規定は、決議要件を緩和させることになるので無効だと考えられます（江頭憲治郎『株式会社法　第7版』420頁参照）。

　これに対し、可否同数となった際に、結論を議長に一任する旨の決議が過半数の賛成をもって可決された場合には、決議要件を緩和するものではありませんので、議長の決するところによることもできます。

(3) 議決に参加できない理事（特別利害関係を有する理事。中企法36条の6第2項）

　理事会の決議に特別の利害関係を有する理事（以下「特別利害関係理事」といいます）は、信用組合のために忠実に職務を執行する義務（中企法36条の3第1項）が履行されないおそれがあるため、議決に加わることはできないとされています。特別利害関係理事が議事に参加した場合には、当該議決は無効とされることがあります。

　特別利害関係の例としては、利益相反取引の承認を受ける理事（同法38条1項）、代表理事の解職における当該代表理事（同法36条の8第1項参照）等があります（もっとも、代表理事の選定におけ

る候補者の理事は、特別利害関係理事に該当することなく、議決に参加することができるとされています。代表理事の選定は業務執行の決定そのものだからです)。

　特別利害関係理事には、理事会における意見陳述権もありません。決議の際には、退席してもらう必要があり、退席を要求された特別利害関係理事はこれに従わなければなりません(ただし、漁業協同組合の事例ですが、理事会の議決が、当該議決について特別の利害関係を有する理事が加わってなされたものであった事案について、当該理事を除外してもなお議決の成立に必要な多数が存するときは、その効力は否定されるものではないとした最高裁判決があります(最判平成28・1・22金融・商事判例1490号20頁参照))。

　また、公正を期する必要から、特別利害関係理事は、議長の権限も当然に失うものとされており、当該理事が議長として議事を主宰した場合には当該理事会決議が無効とされるおそれがあります(東京高判平成8・2・8資料版商事法務151号142頁参照)。

(4) 書面等による決議（中企法36条の6第3項・4項）

① 理事会決議の原則

　理事会では、理事が自らの専門的な知見をもって議論・討論に参加することが求められるため、実際に理事会を開き、理事本人が直接議決権を行使することが原則です。理事の代理出席や、いわゆる持ち回り方式による決議は認められません。

② 書面・電磁的方法による議決（中企法36条の6第3項）

　理事は、定款に定めをおいた場合に限り、書面または電磁的方法により理事会の議決に加わることができます。

　この場合、理事は、あらかじめ通知された議事の内容に対し、議

案ごとの賛否の意思を書面または電磁的方法により信用組合に通知することで、理事会に出席したこととなります。

書面・電磁的方法での議決権行使を定款で認めている場合には、自組合で採用する具体的な行使方法（書面やメールでの賛否の通知、WEBサイトによる入力等）をあらかじめ規約で規定しておく必要があります。

③ **書面・電磁的記録による理事会決議（中企法36条の6第4項）**

中企法は、理事会による機動的な意思決定を要する場合のために、次の要件を満たす場合には、議案を可決した理事会決議があったものとみなして、理事会の決議を省略することを認めています。

　a　定款に、書面・電磁的記録による決議を認める規定を設けていること

　b　理事が理事会の決議の目的である事項について提案すること

　c　当該提案について議決に加わることができる理事全員の書面または電磁的記録による同意の意思表示があること

　d　監事が当該議案に異議を述べないこと

この理事らの意思表示をした書面は、理事会決議があったものとみなされた日から10年間、信用組合の主たる事務所に備え置かなければなりません（中企法36条の7第3項）。

ただし、すべての理事会決議を書面で行うようになることは、理事会という機関そのものの形骸化を招きかねません。理事会が理事の職務執行の監督権限を有していることからすれば、漫然と書面による決議を繰り返していることが理事としての職務懈怠となることもあり得ますので注意が必要です。また、後記6のとおり、議事録作成も必要です（中企法施行規則66条4項1号）。

5　監事の出席

　監事は、(代表) 理事の職務の執行を監督するため、理事会に出席し、必要があると認めるときは意見を述べることができます（協金法5条の6、会社法383条1項）。したがって、理事会の招集通知は、理事だけでなく、監事に対しても行わなければなりません。

　他方、監事としては、代表理事の善管注意義務違反をうかがわせる言動があったにもかかわらず、調査確認を行わない場合には、任務懈怠責任が問われることもあります。

　理事の職務の執行の適法性等に疑問があるときは、理事会等において、執行状況等の説明を求めたり、資料を提出させるなどして、調査確認を行う必要があります。

　また、監事は、理事の不正が疑われる場合には理事会にその旨を報告しなければなりません（協金法5条の6、会社法382条）。

6　議事録の作成・備置き・閲覧請求対応

(1)　理事会議事録の作成・備置きの義務

　信用組合は、理事会の議事について議事録を作成する義務を負っています（中企法36条の7第1項）。

　そして、理事会の日（書面による決議の場合には、理事会の決議があったものとみなされた日）から10年間は、議事録または書面による決議に同意する旨の意思表示（以下「議事録等」といいます）をその主たる事務所に備え置き（同条3項）、理事会の日から5年間はその写しを従たる事務所にも備え置かなければなりません（同条4項）。

第4章　理事会

　議事録等が書面により作成されている場合には、主たる事務所に、その正本を置き、議事録等が電磁的記録により作成されている場合には、電磁的記録を保存した媒体を置くようにします。ただし、議事録等が電磁的記録により作成されている場合には、従たる事務所で利用するパソコン等に議事録をダウンロードできる状態になっていれば、従たる事務所での備置き義務を果たしていることになります（中企法施行規則60条2号）。

　理事会議事録を作成せず、記載・記録すべき事項を記載・記録せず、または虚偽の記録・記載をしたときは、理事等は20万円以下の過料に処せられることがあります（中企法115条1項10号）。

(2) 理事会議事録の意義

　議事録は、議事の経過の要領およびその結果を中心に記載します（中企法施行規則66条3項3号）。法令に基づいて正確かつ明確に記載・記録された議事録には、訴訟上の証拠資料や登記申請時の添付資料等として記載事項の真実性についての推定が働く証拠力が備わることになります。

　さらに、任務を懈怠した役員の行為が理事会の決議に基づくとき、当該決議に参加した理事であって、議事録に異議をとどめないものは、その決議に賛成したものと推定されることになります（中企法38条の2第3項）。そのため、当該理事は、その推定を覆さない限り、その任務懈怠行為をしたものとみなされて（同条2項）、任務懈怠責任を免れることができなくなります。

　したがって、理事としては、決議に賛成できない場合、理事会でその旨を明言し、かつ、議事録にも異議をとどめた旨が記載されるようにしておく必要があります（理事会に出席した理事は、議事録

に署名または記名押印等をしますので、その際に議事録の記載内容を確認することができます。同法36条の7第1項)。

(3) 理事会議事録の作成方法等

① 作成方法

イ 議事録への記載事項

議事録は、次の事項を内容として作成します(中企法施行規則66条3項)。

 a 理事会が開催された日時および場所(当該場所にいない理事、監事または会計監査人が理事会に出席をした場合には、その出席方法)

 b 定款等で定められた招集権者が招集した場合以外の場合は、その旨

  中企法施行規則66条3項2号イおよびロには、「(中企)法第36条の3第3項において準用する会社法第383条」2項および3項(監事が理事会を招集した場合)に該当する場合にはその旨を記載するように規定されています。信用組合の場合は、会社法383条を準用する根拠規定が協金法5条の6となりますが、この場合も同様に議事録に記載しておくべきだと考えるべきでしょう。

 c 理事会の議事の経過の要領およびその結果

 d 決議を要する事項について特別の利害関係を有する理事があるときは、その理事の氏名

 e 理事会において次の意見や発言があったときは、その内容の概要

  ・組合員による招集請求によって開催された理事会で述べら

れた当該組合員の意見（中企法36条の6第6項、会社法367条4項）
　・利益相反取引を行った理事の事後報告（中企法38条3項）
　　なお、中企法規則66条3項5号イおよびロには、「（中企）法第36条の3第3項において準用する会社法」382条、383条の場合が掲げられています。信用組合の場合は、準用する根拠規定が協金法5条の6となりますが（監事からなされた理事の不正疑惑の報告（協金法5条の6、会社法382条）、監事が、理事会に出席して述べた意見（協金法5条の6、会社法383条））、この場合も上記ｂと同様に議事録に記載しておくべきだと考えるべきでしょう。

　　f　理事会に出席した理事、監事または会計監査人もしくは組合員の氏名・名称
　　g　理事会の議長の氏名
　ロ　書面による決議の場合の記載事項
　書面による決議（中企法36条の6第4項）がなされた場合の議事録は、次の事項を内容とします（中企法施行規則66条4項1号）。
　　a　理事会の決議があったものとみなされた事項の内容
　　b　書面による決議を提案した理事の氏名
　　c　理事会の決議があったものとみなされた日
　　d　議事録作成に係る職務を行った理事の氏名
　ハ　理事会への報告を要しないものとされた場合の記載事項
　理事会への報告を要しないもの（中企法36条の6第5項）とされた場合の議事録は、次の事項を内容とします（中企法施行規則66条4項2号）。
　　a　理事会への報告を要しないものとされた事項の内容

b　理事会への報告を要しないものとされた日
　　c　議事録作成に係る職務を行った理事の氏名
　ニ　議事録への署名・押印

議事録には、出席した理事および監事の署名または記名押印（電磁的記録の場合には電子署名）が必要になります（中企法36条の7第1項・2項、中企法施行規則67条）。

出席理事に署名または記名押印を求めるのは、議事録に異議をとどめない者にその決議に賛成したものと推定が生ずるためです（中企法38条の2第3項）。出席監事に署名または記名押印を求めるのは議事録に遺漏または誤りがないことを確認させるためです。

> **Column　　総(代)会議事録の原本証明文言**
>
> 　総(代)会でも、理事会と同じように、議事録を作成し（中企法53条の4第1項・55条6項）、主たる事務所に原本を10年間、従たる事務所に写しを5年間備え置く義務があります（中企法53条の4第3項・55条6項。電磁的記録で作成している場合を除きます）。
>
> 　ところが、総(代)会の議事録作成時には、理事会議事録と違い、議事録への署名または記名押印が法律上は義務付けられていません。これは、総(代)会では、出席理事に「議事録に異議をとどめない者にその決議に賛成したものと推定する」といった法的効果もないので、署名等を求める法的な意味がないと考えられたことによります。
>
> 　したがって、信用組合では、定款等において、総(代)会議事録に署名・記名押印をすることの定めを置いていないのであれば、必ずしも総(代)会議事録に署名等を行う必要はないのです。
>
> 　しかしながら、上記のとおり、主たる事務所には、総(代)会議

事録の原本を10年間備え置かなければなりません。議事録が原本か写しかによって備え置く場所と期間が異なります。

議事録に署名または記名押印を行うことで、原本判別を容易にしたり、一定の真実性を担保する効果もありますので、後のトラブル回避のため、総(代)会議事録には作成者の署名または記名押印をしておくことが望ましいといえます。

ちなみに、実務的には、従たる事務所に備え置く議事録末尾に「この謄本は原本に相違ありません。〇年〇月〇日　〇〇信用組合　理事長　〇〇〇〇　印」という原本証明文言を付している信用組合も多くみられます。

これも、議事録の原本判別性の問題をクリアするための一つの方法です。ただし、従たる事務所への備置き義務の対象は「謄本」ではなく、「写し」で足ります。議事録の原本に作成者の署名または記名押印があれば、それをコピーするだけで「写し」が作成できますので、謄本ごとに原本証明を付けるよりも労力を省くことができます。

② **作成義務者**

議事録の作成義務者は、理事会において、作成等の職務を行う理事として決められた者がなります（中企法施行規則66条4項1号ニ参照）。必ずしも代表理事である必要はなく、その他の理事でも構いません。ただし、実際に作成職務を担当する理事自らが直接に議事録を作成することまでを求められているわけではありません。他人に作成させた議事録であっても、その内容の真実性を判断し確認したうえで、それを自分で作成したものとして取り扱えば足ります。現実には、法務や総務の職員が作成していることが多いようです。

他方、議事録の作成者について、出席した理事および監事が署名

等をすることと関連して、これら署名等をした者らが共同で作成したと理解する見解もあるようです。

しかし、実際上は、複数名で共同して議事録を作成するのは非効率ですので、このような見解はとられていません。理事会を構成する理事の中から、議事録作成の職務を行う理事を決定すれば足ります。

③ 作成時期

議事録を作成する時期については、法令上、明文の定めはありません。しかし、代表理事の異動等が生じた場合には、2週間以内に変更の届出をし（中企法35条の2）、変更登記も必要になります（同法85条1項）。理事会議事録は、当該変更を証する書面として、その申請に添付されますので（中企法施行規則61条2項）、議事録の作成は、この期間内での作成が1つの目安となります。

(4) 組合員および信用組合債権者の理事会議事録の閲覧・謄写請求（中企法36条の7第5項）

組合員および信用組合債権者は、信用組合の業務取扱時間内はいつでも議事録の閲覧・謄写を請求することができます。

信用組合は、組合員・債権者の区別なく、正当な理由がないのに当該請求を拒否することができません。正当な理由なく閲覧・謄写を拒んだ場合には、20万円以下の過料に処せられることがあります（中企法115条1項17号）。

第5章

その他の機関等

I 会計監査人

1　会計監査人とは

　会計監査人は、特定信用組合の機関として、計算書類などの会計を監査する公認会計士または監査法人のことをいいます。

　会計監査人は「機関」ですが、「役員」には含まれません（中企法35条1項。なお、会計監査人が「機関」であることについて会社法326条2項参照）。

2　会計監査人設置義務

　信用組合のうち事業年度の開始の時における預金および定期預金の総額が200億円以上の信用組合は、会計監査人を設置する義務があります（協金法5条の8第1項、協金法施行令2条の3第1項）。

　また、それ以外の信用組合は、定款に定めることで会計監査人を任意に設置することができます（協金法5条の8第2項）。

　会計監査人を設置する義務のある信用組合および定款の定めにより任意で会計監査人を設置している信用組合を総称して「特定信用組合」といいます。

3　会計監査人の資格等と選任・終任等

1　会計監査人の資格等

(1)　会計監査人の資格

　会計監査人は、公認会計士（外国公認会計士を含みます）または監査法人でなければなりません（協金法5条の9第1項、会社法337条1項、公認会計士法16条の2）。

(2)　会計監査人が監査法人から選任される場合

　会計監査人に監査法人が選任された場合には、その監査法人の社員の中から会計監査人の職務を行うべき者が選定され、これが特定信用組合に通知されます。

　監査法人は、信用組合の子会社もしくはその取締役、会計参与、監査役もしくは執行役から公認会計士もしくは監査法人の業務以外の業務により継続的な報酬を受けている者またはその配偶者の社員を「会計監査人の職務を行うべき者」に選定することはできません（協金法5条の9第1項、会社法337条2項・3項2号）。

(3)　会計監査人の欠格要件

　次の者は、会計監査人になることはできません（協金法5条の9第1項、会社法337条3項）。

　　a　公認会計士法の規定により、協金法5条の7第1項に規定する計算書類について監査することができない者

b　信用組合の子会社もしくはその取締役、会計参与、監査役もしくは執行役から公認会計士もしくは監査法人の業務以外の業務により継続的な報酬を受けている者またはその配偶者
　c　監査法人でその社員の半数以上が上記bに該当する者であるもの

　上記の欠格事由のある者を選任した場合には、その選任決議は当然に無効です。選任後に欠格事由に該当した場合には、その時点で当然に会計監査人の地位を喪失することになります。

2　会計監査人の選任

　会計監査人は、総(代)会の決議によって選任されます（協金法5条の9第1項、会社法329条1項、中企法55条）。

　総(代)会に提出される会計監査人の選任に関する議案の内容は、監事の過半数をもって決定されます（協金法5条の9第1項、会社法344条1項・2項）。

　会計監査人が欠けた場合または定款で定めた会計監査人の員数が欠けた場合で、遅滞なく会計監査人が選任されないときは、監事は一時会計監査人を選任しなければいけません（協金法5条の10）。

3　会計監査人の任期・終任

(1)　会計監査人の任期

　会計監査人の任期は、選任後1年以内に終了する事業年度のうちの最終のものに関する通常総(代)会の終結のときまでとなります（協金法5条の9第1項、会社法338条1項）。

　ただし、当該通常総(代)会において特に決議を行わなければ、当

然に再任したものとみなされることになっています（協金法5条の9第1項、会社法338条2項）。

(2) **総(代)会決議による会計監査人の解任**

会計監査人は、総(代)会の決議によっていつでも解任することができます（協金法5条の9第1項、会社法339条1項）。ただし、正当な理由のない解任の場合には、信用組合に損害賠償義務が生じます（協金法5条の9第1項、会社法339条2項）。会計監査人のほうから辞任することもできます（協金法5条の9第1項、中企法35条の3、民法651条）。

(3) **監事による会計監査人の解任**

監事は、次の場合に、全員の同意により会計監査人を解任することができます（協金法5条の9第1項、会社法340条1項・2項）。
 a 会計監査人に職務上の義務違反があったとき
 b 会計監査人としてふさわしくない非行があったとき
 c 会計監査人の心身故障のため、職務の執行に支障がある、または職務に堪えないとき

この場合、監事の互選により定めた監事が、会計監査人解任後最初に招集される総(代)会において、解任した旨および解任理由を報告しなければなりません（協金法5条の9第1項、会社法340条3項）。

(4) **解任・不再任の決議**

会計監査人の選任の場合と同様に、総(代)会に提出される会計監査人の解任・不再任に関する議案の内容は、監事の過半数をもって

決定されます（協金法5条の9第1項、会社法344条1項・2項）。

(5) **会計監査人による意見陳述等**

　会計監査人は、総(代)会において、会計監査人の選解任・不再任および辞任について意見を述べることができます。また、会計監査人を辞任した者は、辞任後最初に招集される総(代)会に出席にして、辞任した旨およびその理由を述べることができます（協金法5条の9第1項、会社法345条1項・2項）。

4　会計監査人の選任・退任の届出

　信用組合は、会計監査人の就任・退任について、財務(支)局長に届出をしなければなりません（協金法7条の2第1項、協金法施行規則111条1項4号、協金法7条、協金法施行令7条1項4号）。

4　会計監査人の報酬決定

　会計監査人の報酬は、理事が決めます。ただし、その報酬の決定には、監事の過半数の同意が必要になります（協金法5条の9第1項、会社法399条1項）。

　これは、会計監査人の監査を受ける立場の理事のみが会計監査人の報酬を決定するとなると、監査の適正性に疑問が生じ、また、報酬水準が低くされることで会計監査人が信用組合に十分な役務を提供することが困難となるおそれがあるからです。

5 会計監査人の権限および義務

1 会計監査人の地位

　会計監査人と信用組合は委任関係にあります（協金法5条の9第1項、中企法35条の3）。

　会計監査人は、計算関係書類について、特定信用組合の委任（民法656条－準委任）を受けて、専門職業人として監査を行います。

　したがって、会計監査人は、理事や監事と同様に、信用組合に対して善管注意義務を負います（民法644条）。

　そのほか、会計監査人については、会社法上の会計監査人の規定の大半が準用されています（協金法5条の9第1項）。

2 計算書類等の監査権限、会計監査報告書作成義務

　会計監査人は、協金法5条の8第3項の定めるところによって、計算書類およびその附属明細書を監査する権限・義務を有しています（協金法施行規則22条・25条～27条。第7章・Ⅲ「決算スケジュール等」参照）。

　そして、会計監査人は、その職務を適切に遂行するため、理事や職員、信用組合の子会社の役員等と意思疎通を図り、情報の収集および監査の環境の整備に努めて会計監査報告書を作成しなければなりません。

3 会計帳簿等の閲覧謄写・報告請求・財産状況等の調査権限

　会計監査人は、いつでも会計帳簿またはこれに関する資料の閲覧

謄写をし、または理事および支配人その他の使用人に対して会計の報告を求めることができます。また、その職務を行うために必要のあるときは、信用組合の子会社に対して会計の報告を求めたり、信用組合やその子会社の業務および財産の状況の調査をすることができます（協金法5条の9第1項、会社法396条）。

4　理事の不正報告義務

　会計監査人は、その職務を行うに際して理事の職務の執行に関し不正の行為、または法令・定款に違反する重大な事実があることを発見したときは、遅滞なくこれを監事に報告しなければなりません（協金法5条の9第1項、会社法397条）。

　会計監査人の職務は会計監査であり、業務監査は含まれませんが、会計監査の際に理事の不正行為等を発見することがあり得ます。そこで、その報告義務が定められています。

5　総(代)会出席・意見陳述権

　会計監査人は、監事と会計監査人の監査を受けた計算書類およびその附属明細書について、法令または定款に適合するかどうかの意見が監事と異なったとき、通常総(代)会に出席して意見を述べることができます（協金法5条の8第10項）。

6　その他、会計監査人の責任

1　善管注意義務

　会計監査人は、前述のとおり、信用組合との委任契約に基づく善

管注意義務を負いますので（民法644条）、専門的職業人として、上記の権限を適切に行使する義務も負うことになります。

2　任務懈怠の際の責任

会計監査人がその任務を怠ったときには、信用組合に対して、連帯して信用組合に生じた損害を賠償する義務を負います。

3　会計報告の虚偽記載

会計監査報告に記載しまたは記載すべき重要な事項につき虚偽記載等をしたときは（たとえば、計算関係書類が法令に違反し、信用組合の財産・損益の状況を正しく示していないにもかかわらず、それが適法である旨の記載をした場合等）、これによって第三者に生じた損害を連帯して賠償する責任を負い、その行為を行うについて注意を怠らなかったことを証明しない限りは責任を免れることはできません（協金法5条の9第2項、中企法38条の3第2項2号・38条の4）。

会計監査報告における会計監査人の意見は、理事等による資産の横領、証憑書類の改ざん、取引の隠ぺい等の不正がないことまで保証するものではありませんが、そのような不正は計算関係書類の適正性に影響を及ぼしますので、会計監査人はそういった不正による重要な虚偽記載が計算関係書類に含まれ得ることを踏まえて職業的懐疑心をもって監査すること等が求められます。会計監査人のそういった不正の看過には責任が問われることがありますので、十分な注意が必要です。

II 常務会等の組織

1 常務会制度の意義

　信用組合の中には、法律で設置が義務付けられている理事会のほかに、常務会、経営会議、常勤役員会等の名称の任意機関（以下、説明の便宜上、これらの組織をすべて「常務会」といいます）を設けていることがあります。

　常務会は、法律に基づく組織ではありませんので、常務会を設けているかどうか、その名称、その性格や運営方法も信用組合ごとに異なります。理事会に対する諮問機関という場合もあれば、一定の事項についての決裁機関としている場合もあります。

　一般的には、理事会よりも少ない構成メンバー（たとえば、理事長、専務理事、常務理事等の役付理事のみ）で、機動的に、理事会よりも多い頻度で開催ができるようにして、理事会に諮る必要のない日常的な活動の決裁を行ったり、理事会での決裁が必要な事項についての予備的検討・意見交換を行って理事会に付議をするといったことが行われています（常務会の場合には、理事会と異なり、議事録作成が法的義務になっておらず、組合員や債権者からの議事録閲覧・謄写請求権の対象にもなっていないというメリットもありま

す)。

2 常務会の構成メンバー

　常務会は任意機関なので、どのようなメンバーで構成されるかどうかは各信用組合の設計次第となりますが、以下のような構成が考えられます。

(1) 役付理事のみ

　理事長、専務理事および常務理事を構成メンバーとして、役のない理事を含まないものです。

(2) 役付理事＋常勤理事

　役のない理事も含みますが、非常勤理事は含まないものです。

(3) 役付理事＋常勤理事＋常勤監事

　信用組合の重要な事項について審議を行うことから、常勤監事にも出席権を認めるものです。
　付議事項によっては、役員以外の職員（執行役員等）をオブザーバーとして出席させるようにしておく方法もあります。
　また、1つの信用組合の中に、構成メンバーの範囲の違う常務会と経営会議等、2つ以上の任意的な会議体を設置することもあり得ます。

3　運営について

　常務会は任意機関ですから、運営に関して別段の決まりはありません。

　しかし、組織として設ける以上は、「常務会規程」等の内規において、目的、構成員、招集・開催手続、付議事項、決議方法、議事録等についての定めは設けておくべきでしょう。

　一般的には、理事会に諮る必要のない日常的な活動の決裁も行いますので、開催頻度は理事会より多くなるでしょう（毎週開催など）。

　なお、常務会を決裁機関として運用する場合であっても、理事会による代表理事の職務執行の監督機能が形骸化してしまうことのないよう、重要な業務執行の決定は理事会において決議することが必要です。仮に、理事会決議の形骸化と評価されるようなことになれば、当該業務執行が理事会の決議を欠くものとして無効になったり、役員の善管注意義務違反の責任を問われることもあり得ます。理事会と常務会等のメンバー構成に重複があるからといって理事会の審議をおざなりにしないように注意してください（常務会等に出席していない非常勤役員等としては、理事会において、当該事項の決議の判断に必要な具体的な説明および資料の提出を積極的に求めることが必要となります）。

III 監事会

1 監事会制度

　信用組合の中には、常勤監事および非常勤監事で構成された「監事会」を設けていることがあります。

　監事は独任制の機関ですから、複数人選任されている場合であっても、1人ひとりの監事がすべての権限を有しています（第1章・I・3・1「監事の役割」参照）。

　したがって、中企法は、理事会のように、監事で構成された「監事会」の設置は予定していません。

　しかしながら、たとえば、特定信用組合における監事の選任に関する議案等において、監事の過半数による同意権を定めています（協金法5条の8第13項、会社法343条1項・2項）。それ以外の場面においても、実務上、監事全員の協議によるべき事項は多く存在しています。

　そのため、監事が複数人選任されている場合には、監事間の協議の場としての監事会を設置することで、各監事の役割分担を容易にし、かつ、情報を共有することによって組織的・効率的に監査をすることも期待できます。

2　監事会の構成メンバー

　信用組合の全監事で構成されます。
　通常、理事等に監事会への出席権は認めていないと思いますが、意見聴取等の必要に応じて、理事等に出席を求めることができるようにしておくことも考えられます。

3　運営について

　監事会は任意機関ですから、運営に関して別段の決まりはありませんが、組織として設ける以上は、「監事会規程」等の内規において、目的、構成員、招集・開催手続、協議事項、決議方法、議事録等についての定めは設けておくべきでしょう。
　一般には、監事会の円滑な開催を図るために、常勤監事を招集権者・議長等にすることが考えられます。
　また、協議事項としては、監事の個別の報酬等の決定、常勤監事の選定・解職、監事の同意権に関する事項、理事への責任追及の訴え提起の要否等が挙げられます。
　なお、上述のとおり、監事はあくまでも独任制の機関ですから、監事会の運営が、各監事の権利行使を妨げるものとならないよう注意する必要があります。

Ⅳ 執行役員制度

1 執行役員制度の意義

1 役員と執行役員との違い

　信用組合の中には、執行役員というポストを設けていることがあります。役員と名がついていますが、理事や監事といった法律上の「役員」ではありません。一般的に、代表理事の指揮・命令のもとで職務執行を行う幹部職員を指しています。

　職員の最上級職として執行役員に重要な業務執行を任せることから、将来の役員候補の育成にもつながります。

　任意の制度なので、理事会の決議によって、各信用組合の実情に合わせた柔軟な制度設計をすることができます。

2 執行役員制度創設の経緯

　株式会社においては、取締役の減員を図る上場企業等が執行役員制度を設けている例が多くあります。かつての日本企業の従業員は、取締役になること（出世すること）を仕事のインセンティブの源としており、企業側もそのために取締役の数を増やす傾向がありまし

た。

　しかし、取締役が増え過ぎると機動的に取締役会を開催したり、経営に関する実質的な議論を行うことが難しくなります。そこで、取締役の数を減らして業務の効率化を図りつつ、その減員分の受皿となるべく考え出されたポストが執行役員だともいわれています。

2　執行役員の選任方法・権限等

1　執行役員の選任方法

　執行役員は、会社法上では「重要な使用人」とされていますので（江頭憲治郎『株式会社法　第7版』417頁参照）、もし、「重要な使用人」を理事会の決議事項とされているのであれば、理事会によって選任します（参事の選任（中企法44条1項）が理事会の決議事項であることからも、執行役員制度を採用する場合には理事会の決議事項としておくべきでしょう）。

　執行役員には、実務上、専務執行役員、常務執行役員等といった肩書を付す場合や重要な部署の部長や支店長と兼任するといった例があります。

2　執行役員の権限・地位

(1)　執行役員の位置付け

　法的な機関ではないので、その地位・権限は信用組合ごとに異なることになりますが、役員に準ずる地位あるいは重要な業務執行を任せられる職員の最上級職と位置付けられます。

(2) 信用組合と執行役員との法的関係

　信用組合と執行役員との関係は、雇用契約の場合と委任契約の場合があり得ます。

① 雇用契約型

　代表理事の指揮・命令のもとで職務執行を行う幹部職員としての執行役員には、雇用契約型がとられるのが通常です。

② 委任契約型

　他方、専門的な能力に着目して組合外から人を招聘し、代表理事の指揮・命令に服するのではなく広い裁量と独立性を執行役員に認めるような場合には、委任契約型が馴染みます。

③ 混合型

　また、雇用契約型と委任契約型の混合型として、雇用契約関係を認めつつ、委任契約としての性格も有する形態がとられる場合もあります。

V 顧問・参事・会計主任

1　顧問・参事・会計主任の意義

1　顧問（中企法43条）

　顧問とは、学識経験のある者で、信用組合の重要事項に関して常時助言を求めることができる諮問機関です。定款に定めることで設置できる任意の機関です。顧問は、信用組合に対して労務を提供するものではないので、信用組合と顧問の関係は、通常、委任契約になるものと思います。

2　参事（中企法44条1項・2項）

　参事とは、信用組合に代わって、その事業に関する一切の裁判上または裁判外の行為をする権限を与えられた重要な職員のことをいい、会社法でいうところの支配人がこれに当たります（中企法44条2項、会社法11条1項）。信用組合と参事の関係は、雇用関係になります。

　参事は、代表理事の補佐役として、事務所別や事業別に業務の執行を担うことになりますが、その権限に加えられた制限は、その制

限を知らなかった第三者に対しては、参事に権限がないことをもって無効を主張することはできません（中企法44条2項、会社法11条3項）。

また、参事は、その権限・地位に鑑みて、財務（支）局長の認可なく、他の信用組合や法人の常勤として従事したり、事業を営むことが禁止されています（協金法5条の2、協金法施行規則12条、協金法7条、協金法施行令7条1項1号）。

さらに、信用組合の主たる事務所や従たる事務所の事業の主任者であることを示す名称を付した使用人は、相手方がその使用人に権限がないことを知っている場合でない限りは、当該事業の一切の裁判外の行為をする権限があるとみなされる規定が設けられています（表見参事の責任。中企法44条2項、会社法13条）。

3 会計主任（中企法44条1項）

会計主任とは、会計事務を担当する幹部職員のことをいいます。信用組合と会計主任の関係は、雇用関係になります。

2 顧問・参事・会計主任の選任・解任

1 選任手続

顧問・参事・会計主任は、いずれも理事会の決議により選任されます（中企法43条・44条1項）。

2 解任の可否

中企法上は、参事・会計主任についての組合員からの解任請求し

か定められていませんが（中企法45条。顧問の解任については明文の定めなし）、選任権者には解任権限もあると解するのが通常ですから、理事会の決議によって解任することができます（最判平成29・12・18事件番号平成29(受)84参照。第4章・Ⅰ・2・3「代表理事の選定および解職」参照）。また、組合員から参事・会計主任の解任請求が信用組合に対してなされた場合に、理事会がその参事・会計主任の解任の可否を決しなければならないと定められているのも（同条4項）、理事会に参事・会計主任の解任権限があることを当然の前提としているからだと考えられるでしょう。

3　組合員からの参事・会計主任の解任請求

　組合員が総組合員の10分の1（あるいは定款でこれを下回る割合を定めた場合はその割合）以上の同意を得て、組合に対し、参事・会計主任の解任を書面等で請求したときは、理事会は、その参事・会計主任に弁明の機会を与えたうえで、解任の可否を決議しなければなりません（中企法45条）。

4　参事の就任・退任の届出

　信用組合は、参事の就任・退任について、財務(支)局長に届出をしなければなりません（協金法7条の2第1項、協金法施行規則111条1項3号、協金法7条、協金法施行令7条1項4号）。

第6章

役員の責任

Ⅰ
役員の権限と責任の関係

　理事および監事と信用組合は委任の関係にあります（中企法35条の3。会計監査人も同様です。協金法5条の9第1項、中企法35条の3参照）。

　役員は、委任関係に基づいて職務上の権限が認められると同時に、委任関係に基づいて善管注意義務を負います（理事は、さらに忠実義務（同法36条の3第1項）も負います）。役員の職務と責任は、いわば裏表の関係にあります。役員は、適切にその職務上の権限を行使して注意義務を果たさなければ、その任務を怠ったとして、責任を問われることになります（理事・監事について、第1章・Ⅱ・2「委任関係から生じる義務」。なお、会計監査人について、第5章・Ⅰ・5「会計監査人の権限および義務」）。

　もっとも、代表理事は、信用組合の経営において、現在ないし将来の社会経済事情などの不確実な要素に基づきながら、迅速な決断をしていかなければなりません。そこには当然リスクが伴い、判断の結果として信用組合に損失が発生してしまうこともあります。

　この代表理事の行った判断が常に結果から事後的に評価され、任務懈怠の責任を負わされるとすれば、代表理事を萎縮させ、保守的な判断しかできなくなるおそれもあります。さらには、代表理事の引き受け手さえいなくなるかもしれません。

監査を行う監事や会計監査人についても同様に、理事が違法・不適正な行為を巧妙に隠ぺいしていた場合等、どのような事情があっても結果責任を負わされるとすれば誰も引き受ける者がいなくなるかもしれません。

　そこで法は、役員の責任について、明確な違法行為や無謀な行為については厳しく判断する一方で、合理性のある職務執行については寛容に判断する仕組みを採用しているのです。

Ⅱ 役員が負う可能性のある法的責任の種類

　役員が負う責任は、大別して民事責任と刑事責任に分けられます。両者は目的を異にしますので、役員が犯罪行為によって第三者に損害を与えた場合には、民事責任と刑事責任を両方負うこともあり得ます。

1　民事責任

　民事責任とは、他人の権利または利益を不当に侵害した私人間の責任のことをいいます。
　事実行為によって他人に損害を与えた場合には不法行為責任（民法709条等）として、契約違反・義務の不履行によって他人に損害を与えた場合には債務不履行責任（同法415条等）として、その損害を回復させるための損害賠償義務が生じます。
　また、法律で特別に定められた責任（中企法38条の2等）によって損害賠償義務が課される場合もあります。

2 刑事責任

1 刑事責任

　刑事責任とは、犯罪を犯したことに対して生じる責任で、身体的拘束を行う懲役刑や金銭的な罰金刑といった刑罰が科されることをいいます。

　たとえば、中企法（112条〜118条）や協金法（8条の2〜12条）には、以下のような刑事罰が定められています。

　　a　信用組合役員がいかなる名義をもってするを問わず、信用組合の事業の範囲外において、貸付をし、手形の割引をし、もしくは預金もしくは定期積金の受入れをし、または投機取引のために信用組合の財産を処分したとき……3年以下の懲役または300万円以下の罰金（中企法112条1項）

　　b　銀行法19条等で定める業務報告書等の不提出、不記載、虚偽記載等を行った者……1年以下の懲役または300万円以下の罰金（協金法10条1号）

2 信用組合の業務に関連する刑法犯

　その他、信用組合業務に関連する刑法犯には以下のようなものがあります。

　　a　背任罪（例：役員の不正融資　刑法247条－5年以下の懲役または50万円以下の罰金）

　　b　業務上横領罪（刑法253条－10年以下の懲役）

　　c　詐欺罪（同法246条－10年以下の懲役）

d　独占禁止法違反（例：他の信用組合等と協議して同一水準に金利を設定する金利カルテル　私的独占の禁止及び公正取引の確保に関する法律89条1項1号・3条−5年以下の懲役または500万円以下の罰金）

　e　預金等に係る不当契約の禁止違反（例：いわゆる「導入預金」。預金する条件で、当該預金等に係る債権について担保提供を受けることなく、預金者の指定する特定の第三者に対し資金の融通をし、または当該第三者のために債務の保証をすること。預金等に係る不当契約の取締に関する法律4条1号・2条1項−3年以下の懲役もしくは30万円以下の罰金またはその併科）

　f　浮き貸し禁止違反（例：信用組合の役員が、その地位を利用し、自己または信用組合以外の第三者の利益を図るため、金銭の貸付、金銭の貸借の媒介または債務の保証をすること。　出資の受入れ、預り金及び金利等の取締りに関する法律8条3項・3条−3年以下の懲役もしくは300万円以下の罰金またはその併科）

3　有罪になった場合の就業制限

　有罪判決を受けると、前科者としての履歴が残ります。禁錮以上の前科者は、弁護士等の一定の職種の欠格事由となっていたり、就業制限がされる場合があります。協金法、中企法、会社法等の法律に定める特定の犯罪で有罪となることは、役員の欠格事由になります（理事について第2章・I・2・1「法律上の欠格事由」、監事について第3章・I・2・1「法律上の欠格事由」）。

3 その他の責任等

　このほかに、行政上の義務違反についての責任という観点から、行政刑罰（行政上の義務違反が犯罪とされ、刑罰が科されるもの）と秩序罰（刑罰ではない制裁）の2つに区分して整理することもできます。

　信用組合業務に関連する行政刑罰には、たとえば、刑事責任で述べた業務報告書等の不提出、不記載、虚偽記載等に対する刑罰等があります（協金法10条1号）。

　信用組合業務に関連する秩序罰には、たとえば、登記期間内に代表理事の選任等の登記を行わなかったことについての過料等があります（中企法115条1項2号・85条1項）。

Ⅲ 理事の責任

1　理事の責任

1　責任の類型

　理事が責任を問われる場面は、ａ理事自身の行為についての責任、ｂ他人の行為についての責任に分けることができます。

(1)　理事自身の行為についての責任

①　刑罰等の具体的な法令や定款に違反する行為

　理事は法令等を遵守する義務を負っています（中企法36条の3第1項）。したがって、法令および定款・規約の定めならびに総(代)会の決議に違反するような理事の行為には、裁量が認められることはほとんどなく、責任が認められやすくなります。

　もっとも、法令等の違反について理事に過失がない（責任を問われない）とされる余地もないわけではありません。もし、理事がありとあらゆる法令等に精通していなければならないのだとすれば、理事に過度な負担を課すことになるためです。

　最高裁判所は、「株式会社の取締役が、法令又は定款に違反する

第6章　役員の責任

行為をしたとして、本規定に該当することを理由に損害賠償責任を負うには、右違反行為につき取締役に故意又は過失があることを要する」と判示しています（最判平成12・7・7民集54巻6号1767頁。なお、補足意見があります）。

② **具体的な法令には違反しないが不合理・不適切な行為**

イ　任務懈怠となる場合

法令および定款・規約の定めならびに総(代)会の決議に違反していないとしても、判断の前提となった事実の認識に重要かつ不注意な誤りがあったり、意思決定の過程・内容が経営者として不合理・不適切な場合には、任務懈怠責任を負うことになります。これを「経営判断の原則」といいます（後記ロ参照）。

たとえば、回収不能となる具体的なおそれのある融資を漫然と続けている場合です。裁判例として、平成23年3月4日に宮崎地方裁判所で言い渡された判決（判例時報2115号118頁。上告審　最決平成24・1・31事件番号平成23年(オ)2003号ほか）が参考になります。

この事件は信用金庫の事例です。会員が常務会メンバーだった元理事らに融資についての善管注意義務違反ないし注意義務違反があるとして、代表訴訟を提起したものです。この信用金庫の融資責任権限規程では、融資の可否決定権限はすべて理事長に属するとされていましたが、3億円を超える融資については常務理事以上の者で構成する常務会での審査協議により決裁を得ることとされていました。

裁判所は、常務会で融資を可とした判断について、追加融資を打ち切る場合の損失と追加融資を行う場合のリスクの衡量判断に必要かつ相当な情報収集・分析、検討を怠っており、その判断の前提となった事実の認識に看過し難い誤りがあり、その意思決定の内容が

信用金庫の理事として著しく不合理なものであったとして、融資決裁を行った理事らの任務懈怠責任を認めました。

ロ　経営判断の原則

㈦　経営判断の原則の意義

　理事は、信用組合の経営において、現在ないし将来の社会経済事情などの不確実な要素に基づきながら、迅速に決断をしていかなければなりません。

　代表理事等の業務執行の決定・実行の結果、信用組合に損失が発生することもありますが、その判断を事後的に結果だけから評価し、理事の責任が問われることになると、大胆な経営判断をすることに躊躇し、保守的な経営しかできなくなります。

　そこで、法的には、理事の判断の決定過程、内容に著しく不合理な点がない限り、理事は善管注意義務に違反しないという構成がとられています（これが「経営判断の原則」です）。

　善管注意義務が尽くされているか否かは、次の2点で判断します（アパマンショップホールディングス事件－最判平成22・7・15金融・商事判例1347号12頁参照）。

　　a　判断過程（行為当時の状況に照らした情報収集・調査・検討等の過程が不合理でないか）

　　b　判断内容（その状況と理事に要求される能力水準に照らして不合理な判断がなされていないか）

　「理事に要求される能力水準」は、理事（代表理事）としての地位に基づいて一般的に要求される注意義務の水準です。その理事個人が有している能力や注意力で判断されるのではありません。一般的な理事であれば通常は下さない判断をすれば善管注意義務違反となることになります。

「地位に基づいて一般的に要求される注意義務を水準にする」とは、たとえば、理事が行う融資判断は、一般企業の取締役よりも厳しく判断されるということです。信用組合は、その業務の性質上、一般企業と同様のリスク取引を行うことは許容されませんから、理事の融資業務に関する注意義務は、一般企業の取締役よりも高い水準が要求されるのです（北海道拓殖銀行事件－最決平成21・11・9刑集63巻9号1117頁参照）。

> **Column　信用組合理事の注意義務と銀行取締役の注意義務**
>
> 　信用組合の融資審査におけるリスク判断が銀行よりも緩やかになるか否か（信用組合の理事のほうが銀行の取締役よりも広い裁量が認められるか）が争われた事案があります（東京地判平成18・7・6判例タイムズ1235号286頁）。
> 　信用組合が行った融資金が回収不能となったことについて、融資判断をした理事に善管注意義務違反および忠実義務違反があるとして、損害賠償請求がなされた事案です。
> 　当該訴訟において、理事側は、信用組合が組合員の相互扶助を基本精神としているが、利用事業者の大半が業務実績不足や担保力不足等のため銀行からの融資が困難な事業者だという実態があり、リスクの比較的高い事業者を取引先とせざるを得ないことから、融資審査におけるリスク判断は当然銀行より緩やかにならざるを得ないと主張していました。
> 　しかし、裁判所は、預金者等の利益を保護して一般の信用を維持し金融の発達を図ることが協金法の目的に掲げられていることや協金法が銀行法の一部の規定を準用して銀行と同様の義務を課したり、監督官庁の強力な権限を認めていること等を理由に、「信用組合の理事の裁量の幅が、銀行の取締役と比較して、より

> 広範であると解すべき理由はない。」として注意義務の水準に差異はないと判断しました（なお、信用組合と銀行（株式会社）の相異について後記本章・Ⅷ・1・1・(4)「信用組合と銀行（株式会社）の相異」参照）。

　(ロ)　経営判断の原則を踏まえた理事の心得

　この経営判断の原則は、理事が行為時に指標として使うべき基準ではない、ということは注意しておく必要があります。経営判断の原則は、あくまでも事後的な評価（裁判規範）として用いられるべきものなのです。

　つまり、理事が一定のリスクのある判断を行う場合、その判断は、常に、理事が合理的だと思う積極的な判断でなければなりません。その判断を行う時点で、「少なくとも著しく不合理だとまでは言われないだろう」等という消極的な姿勢で経営を行うのでは組合員に説明もつきませんし、経営判断として健全とはいえないでしょう。

　経営判断を行う時点では、合理的な方法で情報収集・分析・検討を行い、その結果を前提として合理的と考える判断を行うという姿勢が求められます。

(2)　他人の行為についての責任

①　監視義務違反

　イ　任務懈怠となる場合

　理事は、他の役職員が違法行為をした場合に、自己の職務を誠実に行っていれば、当該違法行為を事前に差し止めることができたと認められるときには任務懈怠責任を負います。他の理事の違法行為・不正行為の予兆を知り、または知り得た場合に、何をどこまで

やれば責任を問われなくなるのかという線引きは難しいところですが、理事は、理事会の内外を通じて、代表理事の業務執行一般を監視し、必要があれば、理事会の招集を求め、または自ら招集して、理事会を通じて業務執行が適正に行われるようにしなければならないとされています（最判昭和48・5・22民集27巻5号655頁参照）。

ただし、これは、日常的に組合内を常時監視する義務があるというわけではありません。他の理事の違法な職務執行を探知することが不可能ないし困難である場合にまで任務懈怠責任を負うことにはなりません（東京地判昭和61・2・18金融・商事判例754号31頁参照）。

監視義務違反の責任の有無の判断は、

a 違法行為が行われた当時の理事として、どのような職務を行うべきであったか

b 当該理事が行った職務は通常要求されるレベルのものであったか

c その職務を行っていれば違法行為を知り、事前に差し止めることができたのか

という順序で行われます。

監視義務違反が認められた事例として、他の理事の違法な投資行為について、理事らがこれを問題視して自らその投資を調査、検討せず、むしろ運用報告書に押印して違法な本件各投資を承認していた信用金庫の事案があります（岡山市民信用金庫事件―岡山地判平成19・3・27判例タイムズ1280号249頁参照）。

他方、社外取締役の代表取締役に対する監視義務違反を否定した事例には、「被告ら（元・社外取締役や常勤監査役）に監視義務ないし監視義務の違反があるというためには、被告らが、代表取締役

の違法な業務執行行為を認識していたか、又は少なくとも代表取締役の違法な業務執行を発見することができるような事情若しくは違法な業務執行を行っていることに疑いを抱かせる事情が存在し、かつ、被告らが当該事情を知り得ることが必要である」と判示した事案があります（東京地判平成28・7・14判例時報2351号69頁参照）。

　ロ　具体的にとるべき措置

　理事が他の理事の職務執行を監督するための調査権の行使は、各理事が個別に行使できるのではなく、理事会の構成メンバーとして、理事会を通じてのみ行使できるという考え方が一般的です（江頭憲治郎『株式会社法　第7版』417頁参照）。

　その考え方を前提とすれば、理事が行える具体的な措置は次のとおりとなります。なお、他の理事の監視監督義務をまっとうしたといえるためには、最終的に辞任まで行う覚悟が必要だといわれています（江頭・前掲474頁参照）。

　　a　理事会の招集を請求し、または自ら招集する（中企法36条の6第6項、会社法366条）

　　b　理事会で質問や報告・資料の提出要求をする

　　c　理事会で、代表理事の解職等の決議を行う（中企法36条の8第1項の解釈。最判平成29・12・18判例時報1690号26頁参照）

　　d　監事に違法行為等を報告する（著しい損害を及ぼすおそれのある場合には報告することが義務になります。協金法5条の5、会社法357条1項）

　　e　それでも何らの是正もされないときには、違法行為等を行う理事に「弁護士に相談に行く」、「事実を公表する」等と伝えて違法行為等をやめるように直接説得を試みる

　　f　最終的には理事を辞任する

② 内部統制システム構築義務違反

イ　内部統制システム構築義務

(イ)　内部統制システムの構築

内部統制システムの構築義務とは、いい換えれば、通常発生することが予想される不正行為を防止するためのリスクマネジメント体制を構築する義務のことです。

(ロ)　内部統制システム構築・整備の理由

監視義務違反について「違法行為を知り、事前に差し止めることができたか」を重視すると、規模の大きな法人ほど、役員の過失を認めるのが難しくなり、トップは責任をとらないということになり兼ねません。

そこで、株式会社では、ある程度以上の規模の会社の代表取締役には、業務執行の一環として、会社の損害を防止する内部統制システムを整備することを義務付けています（江頭・前掲473～474頁参照。大和銀行株主代表訴訟事件－大阪地判平成12・9・20金融・商事判例1101号3頁参照）。

信用組合においても、代表理事には、業務執行の一環として、内部統制システムを整備する義務があると考えます。

ロ　任務懈怠となる場合

(イ)　内部統制システム整備における任務懈怠

信用組合では、株式会社や信用金庫と異なり、理事会の専決事項に、内部統制システムの整備に関する基本方針が明記されているわけではありません（会社法362条4項6号、信用金庫法36条5項5号参照）。

しかしながら、協同組織においてもガバナンス向上が求められている昨今、信用組合においても、内部統制システムの整備に関する

基本方針を理事会決議により定めておく必要があるでしょう。

　内部統制システムは、構築し、運用し、定期的に評価・見直しを行い、修正すべき点があれば再構築をするというPDCAサイクルを常に行っていかなければなりません。内部統制システムのあり方は、時代によって日々変化していきますので、いったん、内部統制システムを構築してしまえばそれでよい、というものではありません。

　(ロ)　内部統制システム整備における免責

　もっとも、内部統制システム構築・整備義務は、一般に予想することが困難な方法による不正行為を防止するところまでは求められていません。

　一般的には、同業他社一般と比較して、それに劣らない程度の水準であれば義務違反の責任を問われることはないと考えられています。

　(ハ)　業務執行の分担

　内部統制システムを構築し、権限分配規程や職務分掌規程等を整備して、各理事ごとの職務・業務担当を明確にすれば、理事、職員等で業務を分担することもできます。

　これにより、理事は、他の関係者がそれぞれ誠実に職務を遂行していると信頼してその職務の遂行を委ねることが許されるようになり、他の関係者の職務執行について疑念が生じる特段の事情がない限りは、仮に他の関係者に善管注意義務違反があったとしても、監督義務違反を問われるリスクを軽減することができます（大和銀行株主代表訴訟事件－大阪地判平成12・9・20金融・商事判例1101号3頁参照）。これを「信頼の原則」といいます。

2　類型ごとの責任が生じる要件

　理事に任務懈怠責任が認められるのは、類型ごとに以下の要件に該当する場合です。

(1)　**理事自身の行為についての責任（中企法38条の2第1項）**

① **具体的な法令・定款違反行為**
　a　理事に法令・定款等に違反した事実などがあること
　b　理事に、当該違反行為についての故意または過失があること
　c　信用組合に損害が発生していること
　d　法令等の違反行為と損害との間に因果関係があること

　理事が虚偽の登記や公告を行ったり、計算書類および事業報告ならびにこれらの附属明細書に記載し、または記載すべき重要な事項について虚偽の記載・記録をしたときは、理事がその行為について注意を怠らなかったことを証明しない限り、損害賠償責任を負うという立証責任の転換（上記bの立証が不要）がなされています（中企法38条の3第2項、協金法5条の7第12項）。

② **具体的な法令には違反しないが不合理・不適切な行為**
　a　代表理事として一定の事項について判断決定をしたこと
　b　代表理事の当該判断決定が代表理事としての裁量を逸脱していること（判断の前提となった事実の認識に重要かつ不注意な誤りがある、意思決定の過程・内容が経営者として不合理・不適切であるといった事情を基礎付ける具体的な事実）
　c　信用組合に損害が発生していること
　d　代表理事の判断決定と損害との間に因果関係があること

(2) 他人の行為についての責任

① 監視義務違反
 a 他の理事、職員に違法行為・不正行為があること（作為の場合）、あるいは他の理事に善管注意義務・忠実義務違反があること（不作為の場合）
 b 監視義務に違反していること（当時の理事として行うべきであった職務、当該理事が行った職務が通常要求されるレベルになかったこと、理事が通常要求されるレベルの職務を行っていれば違法行為を知り得たこと、違法行為を事前に差し止めることができたこと等を基礎付ける具体的な事実）
 c 信用組合に損害が発生していること
 d 監督義務違反と損害との間に因果関係があること

ただし、他の理事の任務懈怠行為が理事会決議に基づき行われた場合には、その決議に賛成した理事は、当該行為を行ったものとみなされて、行為者と同じ責任を負います（中企法38条の2第2項）。また、当該決議に参加した理事が議事録に異議をとどめていなかった場合には、その決議に賛成したものという推定が働くため、決議に賛成していないことを積極的に立証できないと責任を負うことになります（同条3項）。

② 内部統制システム構築義務違反
 a 他の理事、職員に違法行為・不正行為があること（作為）、あるいは他の理事に善管注意義務・忠実義務違反があること（不作為）
 b 内部統制システムの具体的な不備
 c 違法行為等のあった当時に構築されているべきであった内部

統制システムの具体的な内容
　d　内部統制システムを整備していれば違法行為等を防ぐことができたという結果回避可能性のあること
　e　信用組合に損害が発生していること
　f　内部統制システム構築義務違反と損害との間に因果関係があること

3　信用組合に対する責任

(1)　理事の損害賠償責任

　理事は、職務執行上、任務を怠ったことにより信用組合に損害を生じさせた場合等にはそれを賠償する責任を負います（中企法38条の2第1項）。

(2)　理事に対する責任追及

　理事に対する損害賠償責任を追及するための方法には、監事が信用組合を代表して訴えを提起する方法（協金法5条の6、会社法386条1項1号）と組合員が信用組合の代わりに訴えを提起する代表訴訟の方法（中企法39条、会社法847条）があります。
　信用組合が役員の責任追及等の訴えを提起した場合、馴れ合い訴訟の防止または信用組合が理事に不当に有利な訴訟上の和解をしたり、訴えを取り下げること等を防止することを目的として、組合員が、共同訴訟人として、または、当事者の一方を補助するために参加してくることがあり得ます（中企法39条、会社法849条1項）。
　なお、組合員が代表訴訟を提起したときは、遅滞なく信用組合に対し、訴訟告知をしなければなりません（中企法39条、会社法849

条4項）。

　また、信用組合は、その訴訟告知を受けたときや自ら責任追及等の訴えを提起したときは、遅滞なくその旨を公告しまたは組合員に通知しなければなりません（中企法39条、会社法849条5項）。

(3) 責任消滅期間

　理事の信用組合に対する責任の消滅時効期間は10年です（民法167条1項）。

4　第三者に対する責任

(1) 第三者に対する損害賠償責任

　理事がその職務を行うについて悪意または重大な過失があったときは、当該理事は、これによって第三者に生じた損害を賠償する責任を負います（中企法38条の3第1項）。

(2) 計算書類等の虚偽記載

　理事が計算書類等の虚偽記載等をした場合、虚偽の登記をした場合および虚偽の公告をした場合は、これによって第三者に生じた損害を賠償する責任を負います（中企法38条の3第2項、協金法5条の7第12項）。この責任については、上記(1)と比べて立証責任が転換されており、理事のほうで注意を怠らなかったことを立証しなければなりません。しかも、これは重過失であることを要しません。

　計算書類、業務報告等や登記、公告の信頼を損なう行為であることから責任を加重し、第三者の保護を図っているのです。

(3) 責任消滅期間

　理事の第三者に対する責任の消滅時効期間は10年です（民法167条1項。最判昭和49・12・17民集28巻10号2059頁）。

5　理事の行為の差止請求

(1) 組合員による差止請求

　6か月前（定款で短縮可能）からの組合員は、理事が信用組合の目的の範囲外の行為その他法令・定款に違反する行為をし、またはこれらの行為をするおそれがある場合において、当該行為によって信用組合に回復することができない損害が生じるおそれがあるときは、当該理事の行為をやめさせることを請求することができます（中企法36条の3第3項、会社法360条1項・3項）。

(2) 監事による差止請求

　監事は、理事が信用組合の目的の範囲外の行為その他法令・定款に違反する行為をし、またはこれらの行為をするおそれがある場合において、当該行為によって　信用組合に著しい損害が生じるおそれがあるときは、当該理事の行為をやめさせることを請求することができます（協金法5条の6、会社法385条）。

2　連帯責任

　役員の複数人が信用組合または第三者に対して損害賠償責任を負う場合には、その役員は連帯してその責任を負います（中企法38条

の4)。

　つまり、違法な業務執行等を行った代表理事も、理事会においてその業務執行の決定に賛成した理事も、監督義務を尽くさなかった理事や監事も、それぞれが損害額全額を支払う義務を負うことになります。

　もっとも、役員の内部関係においては、任務懈怠の程度等に応じた負担部分が定まります。それを超えて賠償金を支払った役員は、他の役員に対して求償請求をすることができます（民法442条）。

Ⅳ 監事の責任

1 信用組合に対する責任

1 信用組合に対する損害賠償責任

　監事は、職務執行上、その任務を怠ったことにより信用組合に損害を生じさせた場合には、それを賠償する責任を負います（中企法38条の2第1項）。

2 責任消滅期間

　監事の信用組合に対する責任の消滅期間は10年です（民法167条1項）。

3 監事に対する責任追及

　監事に対する責任追及の方法には、代表理事が信用組合を代表して訴えを提起する方法と組合員が信用組合の代わりに訴えを提起する代表訴訟の方法（中企法39条、会社法847条）があります。

　信用組合が役員の責任追及等の訴えを提起した場合、馴れ合い訴訟の防止または信用組合が役員に不当に有利な訴訟上の和解をした

り、訴えを取り下げること等を防止することを目的として、組合員が、共同訴訟人として、または、当事者の一方を補助するために参加してくることがあり得ます（中企法39条、会社法849条1項）。

なお、組合員が代表訴訟を提起したときは、遅滞なく信用組合に対し、訴訟告知をしなければなりません（中企法39条、会社法849条4項）。

また、信用組合は、その訴訟告知を受けたときや自ら責任追及等の訴えを提起したときは、遅滞なくその旨を公告し、または組合員に通知しなければなりません（中企法39条、会社法849条5項）。

2 第三者に対する責任

1 第三者に対する損害賠償責任

監事がその職務を行うについて悪意または重大な過失があったときは、当該監事は、これによって第三者に生じた損害を賠償する責任を負います（中企法38条の3第1項）。

2 監査報告の虚偽記載等

監事が監査報告の重要な事項について虚偽の記載等をした場合は、これによって第三者に生じた損害を賠償する責任を負います（中企法38条の3第2項2号）。この責任については、上記1と比べて立証責任が転換されており、監事のほうで注意を怠らなかったことを立証しなければなりません。しかも、これには重過失であることを要しません。監査報告の信頼を損なう行為であることから責任を加重し、第三者の保護を図っているのです。

3　責任消滅期間

　監事の第三者に対する責任の消滅期間は10年です（民法167条1項）。

3　連帯責任

　役員の複数人が信用組合または第三者に対して損害賠償責任を負う場合には、役員は連帯してその責任を負います（中企法38条の4）。

　つまり、違法な業務執行等を行った代表理事も、理事会においてその業務執行の決定に賛成した理事も、監督義務を尽くさなかった理事や監事も、それぞれが損害額全額を支払う義務を負うことになります。

　もっとも、役員の内部関係においては、任務懈怠の程度等に応じた負担部分が定まります。それを超えて賠償金を支払った役員は、他の役員に対して求償請求をすることができます（民法442条）。

V 役員の責任限定

　中企法は、役員の責任を事後的に軽減できる措置として、以下の制度を定めています（会計監査人の責任についても、下記中企法38条の2の規定が準用されます。協金法5条の9第2項）。
① 　総組合員の同意による責任の免除（中企法38条の2第4項）
② 　総(代)会の決議による責任の一部免除（同条5項～9項・55条6項）
③ 　定款の定めに基づく理事会決議による責任の一部免除（同条9項、会社法426条、中企法施行令21条）
④ 　定款の定めに基づく責任限定契約の締結（中企法38条の2第9項、会社法427条、中企法施行令21条）

1　役員の責任免除

　役員が任務懈怠により、信用組合に対して損害賠償義務を負う場合（中企法38条の2第1項）、総組合員の同意があれば、その責任を免除することができます（同条4項）。一方、第三者に対する責任が免除されることはありません。
　総(代)会の決議ではなく、「総組合員の同意」としているのは、組合員は、代表訴訟（後記Ⅶ「組合員代表訴訟」参照）によって単

独でも役員の責任追及等の訴えを提起できることと平仄を合わせているためです。もっとも、代表訴訟において訴訟上の和解がなされる場合には、総組合員の同意は不要です（中企法39条、会社法850条4項）。

2　総(代)会の決議による責任の一部免除

1　責任を一部免除するための手続

　役員が任務懈怠により、信用組合に対して損害賠償義務を負う場合であって、善意かつ重大な過失がないときは、次の方法により、賠償額の一部を免除することができます（中企法38条の2第5項）。

(1)　監事全員の同意（中企法38条の2第7項）

　理事は、理事の責任免除に関する議案を総(代)会に提出するにあたり、各監事の同意を得なければなりません。

(2)　総(代)会の特別決議（中企法53条6号・55条6項）

　総組合員（総総代）の半数以上が出席し、その議決権の3分の2以上の多数による特別決議によって役員の責任を一部免除することが可決される必要があります。

(3)　総(代)会における開示

　理事は、責任の一部免除に関する決議を行う総(代)会において、次の事項を開示しなければなりません。開示を怠った理事は、20万円以下の過料に処せられることがあります（中企法115条1項19号）。

a　責任の原因となった事実および賠償の責任を負う額
　　　b　免除することができる額の限度およびその算定の根拠
　　　c　責任を免除すべき理由および免除額

　もっとも、この総(代)会の特別決議を行う時期は、実務上難しいところです（江頭憲治郎『株式会社法　第7版』485頁）。経営の萎縮を生じさせないようにするためには、早い段階で責任の一部免除を決議するほうがよいのですが、役員の責任が裁判等により　確定される前だと上記開示事項も明確にはなっていません。それに、裁判等で責任が確定する前に役員が有責であることを認めなければ手続をとれないという問題もあります。

　なお、役員の責任追及訴訟が提起されている場合、責任の一部免除の決議がなされたときは、裁判上そのことを主張しておかなければ、判決に責任免除が反映されません。

　後日、信用組合が当該判決に基づいて強制執行手続をとった場合、役員が決議の存在を主張して判決文の内容に異議を申し立てようとしても、責任の一部免除の決議が口頭弁論の終結後になされたものでなければ、その異議申立は認められません（民事執行法35条）。

　したがって、役員としては、責任の一部免除の決議がなされた場合には、その旨を必ず裁判上で主張しておく必要があるのです。

(4)　最低責任限度額（中企法38条の2第5項）

　総(代)会の特別決議によって免除することができる役員の責任には制限があります。

　役員が負う損害賠償額が次の方法で算定される金額（「最低責任限度額」といいます）になるまでその責任を免除することができます（最低責任限度額より多くすることは可能です）。

第6章　役員の責任

> **Column**　　　**最低責任限度額の算定式**
>
> 最低責任限度額＝(イ)−(ウ)
>
> (ア)　1年間の報酬等相当額の算定（中企法施行規則68条1項）
>
> 　役員がその在職中に報酬、賞与その他の職務執行の対価として信用組合から受け、または受けるべき財産上の利益の事業年度ごとの合計額のうち、最も高い金額を出します（「報酬等相当額」といいます）。
>
> 　この職務執行の対価には、当該役員が信用組合の職員を兼ねている場合におけるその職員としての報酬、賞与その他の職務執行の対価も加算します。
>
> (イ)　責任が問われる行為がなされた時点の役職に応じた計算
>
> 　役員の責任が問われる行為がなされた時点の役職に応じて、次の方法の算定を行います。
>
> 　a．代表理事　　　　　　　報酬等相当額×6倍
> 　b．代表理事以外の理事　　報酬等相当額×4倍
> 　c．監事　　　　　　　　　報酬等相当額×2倍
> 　d．会計監査人　　　　　　報酬等相当額×2倍
>
> (ウ)　控除額の算定
>
> 　下記Aの合計額にBの数字で除した金額を上記(イ)から控除します。
>
> A．下記①～③の退職慰労金等の合計額
> ①　役員が信用組合から受けた退職慰労金の額
> ②　職員を兼ねていた場合に、役員との兼任期間中の職務執行の対価に相当する退職手当の額
> ③　上記①または②の性質を有する財産上の利益の額
> B．除数（次のいずれか大きい数字）
> 　a．代表理事　　　　　　「6」または「在任期間の年数」

  b．代表理事以外の理事　　「4」または「在任期間の年数」
  c．監事　　　　　　　　　「2」または「在任期間の年数」
  d．会計監査人　　　　　　「2」または「在任期間の年数」

(5) 計算例

　たとえば、代表理事ではない理事の報酬等相当額が1000万円、信用組合からは退職慰労金等を受けていないとします。

　この場合、最低責任限度額は、

　1000万円×4－0＝4000万円

　になります。

　仮に、信用組合に1億円の損害が生じていたときには、当該理事については、特別決議を経ることで、免責をまったく認めないこと（免責額ゼロ）から6000万円までの範囲で責任を免除することができることになります。

　したがって、この理事が負う損害賠償義務の幅は、4000万円（最大限の6000万円の免責を認めた場合）から1億円（免責額ゼロ）までとなります。

　もし信用組合に生じた損害が3000万円だった場合には、そもそも最低責任限度額（4000万円）以下の金額ということになりますので、この理事に一部免除が認められる余地はなく（総組合員が全額免除に同意した場合を除く）、理事は3000万円全額の損害賠償義務を負うことになります。

2　退職慰労金の支払についての総(代)会の承認

　信用組合が責任の一部免除を受けた役員に対して退職慰労金等の財産上の利益を与えるときは、総(代)会の承認を受けなければなり

ません（中企法38条の2第8項）。この承認決議は普通決議で足ります。

3 連帯責任を負う役員の一部の者に対してその免除があった場合に他の役員について生じる効果

　役員が複数名で信用組合に責任を負う場合には、連帯債務となります（中企法38条の4）。したがって、信用組合が、連帯責任を負う役員の一部の者に対してのみ責任の全部または一部を免除した場合には、残りの役員は、責任の免除を受けた役員の負担部分について責任を免れることになります（民法437条）。

3 理事会の決議による役員の責任の一部免除に関する定款の定め

1 理事会決議による責任免除規定の趣旨

　信用組合は、定款の定めに基づいて、理事会の決議によって、一定額を限度として役員の責任を免除することができます（中企法38条の2第9項、会社法426条1項、中企法施行令21条）。

　これは、理事会に免責権限を授権することによって、機動的に責任の一部免除を可能とし、役員が業務執行を萎縮することを防ぐ趣旨で設けられた制度です。

2 責任を一部免除するための手続

　役員が任務懈怠により、信用組合に対して損害賠償義務を負う場合であって、善意かつ重大な過失がなく、責任の原因となった事実の内容、当該役員の職務の執行状況その他の事情を勘案して特に必

要と認めるときは、次の方法により、賠償額の一部を免除することができます（中企法38条の2第9項、会社法426条）。

(1) **責任一部免除の定款の定め**

理事会決議により責任の免除ができる旨を定款に定めることが必要です。なお、理事の責任を理事会決議により一部免除する旨の定めの設定・変更を内容とする定款変更議案を総(代)会に提出する場合には全監事の同意を得なければなりません（会社法426条2項、中企法38条の2第7項）。

(2) **理事会の普通決議（会社法426条1項）**

役員の責任の一部免除を認める普通決議が理事会で行われることが必要です。なお、理事の責任を一部免除する旨の議案を理事会に提出する場合には全監事の同意を得なければなりません（会社法426条2項、中企法38条の2第7項）。

(3) **理事会決議があった旨の公告または組合員への通知（会社法426条3項）**

理事会の決議を行ったときは、理事は遅滞なく下記の事項および責任を免除することに異議がある場合には一定の期間内（ただし、1か月以上の期間）に当該異議を述べるべき旨を公告し、または、組合員に通知しなければなりません。

 a　責任の原因となった事実および賠償の責任を負う額
 b　免除することができる額の限度およびその算定の根拠
 c　責任を免除すべき理由および免除額

(4) 組合員からの異議が出ないこと（会社法426条7項）

　総組合員（当該責任を免除されることになる理事を除く）の議決権の100分の3（定款でこれを下回る割合を定めたときは、その割合）以上の議決権を有する組合員が上記(3)の期間内に異議を述べたときは、信用組合はその責任免除をすることができません。

3　最低責任限度額（中企法38条の2第9項・5項、会社法426条1項）

　理事会決議によって免除することができる役員の責任には制限があります。

　その最低責任限度額は、総(代)会の特別決議によって免除される場合の最低責任限度額と同額です。

4　退職慰労金の支払についての総(代)会の承認（中企法38条の2第9項・8項、会社法426条8項）

　信用組合が責任の一部免除を受けた役員に対して退職慰労金等の財産上の利益を与えるときは、総(代)会の承認を受けなければなりません。この承認決議は普通決議で足ります。

4　責任限定契約に基づく役員の責任免除

1　責任限定契約の趣旨

　信用組合は、定款の定めに基づいて、員外理事または監事と責任限定契約を締結することにより、員外理事または監事につき、一定

額を限度として役員の責任を免除することができます（中企法38条の2第9項、会社法427条1項、中企法施行令21条)。

これは、員外理事および監事については、責任限定契約を締結することで、事前に責任の限度額を確定させることができるようになるので、賠償責任に関する不安を除去し、員外役員および監事の人材確保を図る趣旨で設けられた制度です。

2　責任を限定するための手続

信用組合と員外理事または監事は、員外理事または監事が任務懈怠により、信用組合に対して損害賠償義務を負う場合であって、善意かつ重大な過失がないときは、定款で定めた額の範囲内であらかじめ信用組合が定めた額と最低責任限度額とのいずれか高い額をその責任の限度とする旨の契約を締結することができます（中企法38条の2第9項、会社法427条)。

(1)　責任限定契約の定款の定め

員外理事または監事が責任限定契約を締結できる旨を定款に定めなければなりません。なお、員外理事と責任限定契約を締結することができる旨の定めを内容とする定款変更議案を総(代)会に提出する場合には全監事の同意が必要になります（会社法427条3項、中企法38条の2第7項)。

(2)　総(代)会での開示（会社法427条4項）

信用組合は、責任限定契約を締結している員外理事または監事の任務懈怠によって損害を受けたことを知ったときは、その後最初に招集される総(代)会において、次の事項を開示しなければなりませ

ん。
- a 責任の原因となった事実および賠償の責任を負う額
- b 免除することができる額の限度およびその算定の根拠
- c 責任限定契約の内容および契約を締結した理由
- d 員外理事または監事が賠償する責任を負わないとされた額

3 退職慰労金の支払についての総(代)会の承認(中企法38条の2第9項・第8項、会社法427条5項)

　信用組合が責任の一部免除を受けた役員に対して退職慰労金等の財産上の利益を与えるときは、総(代)会の承認を受けなければなりません。この承認決議は普通決議で足ります。

4 員内理事就任時の責任限定契約の効力

　員外理事または監事がこの責任限定契約を締結していた場合であっても、この員外理事または監事が当該信用組合の員内理事に就任したときは、責任限定契約は将来に向かってその効力を失うことになります。

5 信用組合による役員賠償責任保険の保険料負担

　役員賠償責任保険は、信用組合が保険契約者、役員を被保険者とし、役員がその地位に基づいて不当な行為を行ったことを理由に損害賠償請求を起こされたことによる損害(賠償金、弁護士費用等)を担保するものです。したがって、信用組合がその保険料を負担することになります。

　これを役員の報酬等と考える場合には、総(代)会の決議が必要に

なることから信用組合の保険料負担の可否等が問題となります。

役員賠償責任保険は、第三者からの損害賠償請求についての普通保険約款部分と代表訴訟担保特約部分に分けられます。

1 普通保険約款部分

役員に対する責任追及等の訴えの訴訟費用は、役員の職務執行のための費用だと考えられますので、それを担保する保険料も職務執行のための費用だといえます。

そうすると、保険料は、役員の報酬等の手続をとることなく、信用組合が負担すべきものだということになります。

2 代表訴訟担保特約部分

この特約部分の保険料の負担は、役員の報酬等に含まれるものとして、定款または総(代)会の決議で定めておくべきだと考えます（協金法5条の5、会社法361条1項、協金法5条の6、会社法387条1項、中企法55条6項）。

これに対し、代表訴訟は、役員が敗訴した場合には信用組合に損害賠償金（保険金）が支払われることになり、信用組合の利益になるものですから、信用組合が負担することは当然に可能であるとの考え方もあり得ます。

しかし、信用組合に損害賠償金（保険金）が支払われるということは、役員にとってみれば、信用組合に対して支払わなければならない支出を免れるという利益を得ていることになりますので、利益相反取引の問題（理事会の決議事項）となります（中企法38条1項）。そして、かかる付保の判断が責任問題となったときは事後的に裁判所が付保の相当性の審査をすることになりますが、付保とい

う裁量の余地の大きい問題を裁判所が判断するのは困難です。その意味でも、この特約の保険料負担については、事前に総(代)会において組合員の判断を仰いでおくべきだと考えます（落合誠一編『会社法コンメンタール8　機関(2)』158頁参照）。

Ⅵ 不祥事発生時の危機管理対応

1 不祥事とは

1 「不祥事件」の届出義務

　信用組合は、自組合、子会社または業務委託先の委託業務に係るものについて、「不祥事件」が発生したことを知ったときは、30日以内に財務(支)局長に届出をしなければなりません(協金法7条の2第1項、協金法施行規則111条1項19号・7項、協金法7条、協金法施行令7条1項4号)。

　届出の要否等については、理事側が不祥事件と疑われる事項を知った際にただちに当局に相談して対応することになりますが、ここでいう「不祥事件」とは、信用組合等の役員もしくは職員またはその子会社等の取締役もしくは監査役もしくは従業員または信用組合代理業者もしくはその役員(役員が法人であるときは、その職務を行うべき者を含む)もしくは従業員が次のaからdのいずれかに該当する行為を行った場合のことをいいます(協金法施行規則111条6項)。

　a　信用組合の事業または信用組合代理業者の信用組合代理業の

業務を遂行するに際しての詐欺、横領、背任その他の犯罪行為を行った場合

b 「出資の受入、預り金及び金利等の取締りに関する法律」または「預金等に係る不当契約の取締に関する法律」に違反する行為を行った場合

c 現金、手形、小切手または有価証券その他有価物の1件当たりの金額が100万円以上の紛失（盗難に遭うこと、および過不足を生じさせることを含む）があった場合

d その他信用組合の業務または信用組合代理業者の業務の健全かつ適切な運営に支障を来す行為またはそのおそれのある行為であって上記aからcに準ずる行為を行った場合

2 上記以外の不祥事

上記の「不祥事件」に当たらない場合であっても、財務不祥事（事業報告等の虚偽記載等）、サービス等不祥事（顧客への虚偽申告等）あるいは個人情報等の漏えい、労働関係法令違反、善管注意義務違反等、役職員が法令または定款に違反する行為から法令等には違反しないものの社会規範等に照らして不適切とされる行為まで、さまざまな「不祥事」があり得ます。

なお、信用組合は、不祥事件の届出義務以外に、個人情報漏えいの不祥事が生じた場合にも、ただちに財務（支）局長に所定の書式の報告書で届出を行う義務を負っています（「金融分野における個人情報保護に関するガイドライン」22条1項、「同ガイドラインの安全管理措置等についての実務指針」Ⅰ(2)2-6-1および「主要行等向けの総合的な監督指針」Ⅲ-3-3-3（顧客等に関する情報管理態勢）、「金融機関における個人情報保護に関するＱ＆Ａ（平成

29年3月31日)」問Ⅳ-7)。

2 不祥事対応の心構え

　ヒューマンエラーをなくせない以上、不祥事を完全に防ぐことは不可能です。
　したがって、役員の心構えとしては、信用組合あるいは業界等のいわゆる「ヒヤリ・ハット事例」を収集したり、内部統制システムの構築・運用状況の実効性を監視・検証するなどして、リスクや問題点の洗い出し等を行うとともに、不祥事が起きた場合の対応についても日頃から準備しておく必要があります。
　不祥事が発生した場合には、原則として不祥事に関与していない理事(理事の不祥事の場合には監事)が主導して次の流れで対応を進めます。

　a　初動対応の決定
　b　事実関係の把握・調査
　c　調査委員会の設置の検討
　d　関与した役職員の責任追及、人事処分
　e　再発防止策の策定
　f　公表・開示

その際には、主に次の3点を目標に行動します。
① 損害を抑える(損害の最小限化と被害拡大の防止)
② 自浄作用を働かせる(損害の回復と信用組合内の規律の回復)
③ 信頼を回復する(説明責任の履行、再発防止策の策定・徹底)

3 初期対応

1　初　動

　不祥事の内容もさまざまですが、その発覚の端緒もまたさまざまです。不祥事対応は、不祥事の内容はもちろん、発覚の端緒によっても変わります。

　不祥事が「不祥事件」（上記1・1参照）に該当するおそれがあったり、個人情報・マイナンバーの漏えい等が疑われる場合には、まずは、理事は、その一報を受けたときに速やかに当局（財務（支）局）への相談にいくべきです。

　当局への届出義務がない場合であっても、放置することは許されません。役員として絶対にしてはならないのが不祥事の隠ぺいです。積極的に隠すことは論外ですが、不祥事がうかがわれる報告があったのに調査しようとしない、知らなかったことにするといった対応は、それが露見した場合に、信用組合にその存続を揺るがすほど深刻な損害を与えることになりかねません。隠ぺいをする・放置をすること自体が役員自身の不祥事になるということを肝に銘じて、不祥事をうかがわせる事情を知ったときには即対応するようにしましょう。

　そのうえで、できれば不祥事が公になる前に組合内調査、不正関与者の処分、再発防止策の策定までを先行し、その後に公表を行って、自浄能力のある組織であることをアピールできることが理想です。

　しかし、捜査機関による捜査やマスコミ報道が端緒となった場合

には、必要な調査・マスコミ対応から再発防止策の策定に至るまで、すべて後手に回らざるを得ないことになります。

したがって、公になる前に不祥事を把握できる以下のようなルートでの不祥事の兆候を見逃さないようにしたいところです。

公になる前に不祥事を把握できる例
- 不正関与者の自主申告
- 役職員による内部通報（内部通報の窓口の存在が重要）
- 人事異動による発覚（役員の変更、職員の担当交替など）
- 内部監査、会計監査人の監査、監事の監査等

2　方針決定・体制の確立

不祥事がうかがわれる事情があった場合、不祥事の存在について合理的な疑いがあるか、不祥事の拡がりや対外的な影響の見通し、調査の難易度を勘案して、速やかに大きな方針を決める必要があります。

当初把握した事案の緊急性・重大性にもよりますが、まずは担当部署が、必要に応じて法務部、内部監査部、コンプライアンス部等と連携をしながら、調査を開始することが多いのではないかと思います。

4　本格調査の実施

1　客観的証拠の収集

事案解明には、客観的な証拠の収集が不可欠です。事案により異なりますが、収集する対象には、主に次のようなものが考えられま

す（これらは、かなりの分量となることがあるため、収集と並行して、リスト化して整理しておくとよいでしょう）。

 a 関係者の机、ロッカーの中身の確保
 b 関係者の使用していたPC、ハードディスク、メモリ、貸与していた携帯電話の履歴等の保全
 c 稟議書、議事録、手帳、予定表、通帳、メールその他紙媒体または電子媒体の情報
 d 自宅への訪問

2　関係者からの事情聴取

　信用組合の組織、所掌事務を踏まえながら、聴取対象者を選定し、聴取すべき項目を挙げ、それらの聴取事項と関連する客観的証拠を確認したうえで、個別に聴き取りを行います。

　事情聴取は、調査協力者が特定されないように秘匿する配慮が必要なのはもちろんですが、短期集中で、事情聴取の実施自体をなるべく密行的に行う必要もあります。そうすることで、事情聴取実施が知れ渡って、証拠を隠滅されてしまったり、聴取対象者同士で口裏を合わされるといったことを防ぐことができます。

　あわせて、不祥事に関与していることが疑われる者は別室や自宅等で待機させる等の措置をとり、証拠の隠滅や他の者との口裏合わせなどをさせないようにしましょう。

3　その他の情報収集方法

　内部通報制度の窓口として、外部の弁護士や調査担当部署を通報先にすることで、情報提供者に対して、提供された情報が厳重に管理されること、情報の提供によって不利益に扱われることがないこ

とを十分に周知することも有用な方法の1つです。

また、独立した立場の第三者委員会専用ホットラインを設置する方法もあります。

組織全体に関わる不祥事の調査の場合には、職員にアンケート調査を行うという方法も有用です。

情報は、調査事項にかかわらず関連する情報を広く提供してほしいと伝えること、業務時間外でも対応可能な体制をとることも重要です。

提供を受けた情報は、ただちに客観的証拠等と照らし合わせたり、情報提供者や関係者への追加の事情聴取を行う等してその真偽や重要性を確認しましょう。

5 調査委員会の設置の検討・手続

不祥事に関する事実関係・原因を明らかにし、再発防止策を策定するためには、調査委員会を設置するという選択肢もあります。

企業不祥事の調査委員会として、日本弁護士連合会では「企業等不祥事における第三者委員会ガイドライン」を策定しています。調査委員会を設置する場合には、このガイドラインに準拠して第三者委員会を設置するのか、あるいは顧問弁護士や理事等を中心にした調査委員会として立ち上げるのか、その中間をとるのか、調査目的等に応じて構成員の人選、委員会の役割・権限の決定等を行っていくことになります。

社会に対する説明責任を果たすべき場合（不祥事の内容が社会的に重大で、その原因究明・責任の所在を明らかにして再発防止策等を対外的に公表すべき場合等）や社会的信頼回復を要する場合（反

社会的勢力との癒着等の疑いを晴らす必要のある場合等）には、ガイドラインに準拠した独立性・中立性の高い第三者委員会の設置が有用です。

6 関与した役職員の責任追及・人事処分

調査が終わり、役職員の責任が明らかになった場合には、刑事責任の追及、損害賠償請求、報酬の減額・退職慰労金の不支給、解職・解任・辞任、懲戒処分等の責任追及を行い、組合内の規律を回復させます。

7 再発防止策の策定

調査の結果明らかになった事実等をもとに、不祥事の原因（誰が、どの時点において、なぜ不祥事を起こしたのか）、その不祥事はなぜ未然に防止できなかったのか等を検証し、再発防止策を策定します。

再発防止策は、原因等の調査の結果によって定まるものですが、一般的な項目としては、次のようなものになります。

なお、再発防止策は、策定をして終わりとなるものではありません。PDCAサイクルによって常に改善を図っていく必要があります。

1　意識改革

企業トップがコンプライアンス意識の重要性を再認識すること、コンプライアンスに対する十分な意識や理解を浸透させることです。そのためには、役職員の教育内容の改善や研修の実施を行うことが

考えられます。

2　業務分掌・職務権限の明確化

　代表者に権限を集中させてワンマン独裁とならないよう、適切に業務分掌を行い、複数の者の関与の下で相互にチェック機能が働くようにすることです。そのためには、規程やマニュアル等の見直しを行うことが考えられます。

3　業績評価・人事制度の見直し

　利益至上主義等の不祥事の温床になりやすい制度を廃すること、各役職員が行っている職務を密室化しないようにすることです。そのためには、業績評価・人事制度を刷新することはもちろん、不祥事に関連する職務の担当者を1人や少数の者だけに任せて専門化させずに、一定の人事ローテーションや休暇制度の利用により透明化を図ることも重要です。

4　監査体制の強化

　監事と内部監査部門の連携を強化したり、人員を増強することなどです。監事の監査環境、内部監査部門等の充実、強化が再発防止につながります。また、再発防止策の実施状況を内部監査する計画に組み込むことも必要です。

5　内部通報制度の充実・強化

　内部通報制度の周知、中立性の保たれた通報先の設定等を行うことです。
　たとえば、通報窓口には、社外の弁護士を置き、内部通報があっ

た後の対応についても弁護士が監視する仕組みづくりを行うことも考えられます。ただし、この窓口を顧問弁護士にすることは避けるべきでしょう。

　たとえば、通報窓口に被害者本人からパワーハラスメントやセクシュアルハラスメントの相談があった場合、後日、組合と訴訟等の紛争になる可能性もあります。被害者本人からの相談に乗った弁護士が組合の代理人になることができないという事態も想定されますので、窓口と顧問弁護士は分けたほうがよいと考えます。

8　公表・広報対応

　広報の対応1つで不祥事の被害が拡大することも、沈静化することもあり得ます。公にならないのであれば自ら公表することはやめておきたいという気持ちが起こるかもしれません。しかし、ダスキン株主代表訴訟事件では、代表取締役らが他の取締役らの不正行為を認識しながらこれを世間に公表しなかったことについて善管注意義務違反が認められています（大阪高判平成18・6・9判例タイムズ1214号115頁）。

　不祥事が発覚した場合には、不祥事が公表を要するものか否かの慎重な判断を要します。必ず公表を要する場合として、法令等による開示が義務付けられている場合が挙げられます。

　また、近時は、顧客の目線で見て、開示が必要と思われるかどうかという観点が重要になってきています。個人の生命・身体の安全等に関わる問題等の二次被害の発生を回避すべき場合はもちろん速やかな公表が求められますが、そのような事案ではなくても、顧客から公表しなかったことが「隠ぺい」ととられ、企業イメージに深

刻なダメージが生じるような事案については公表を行うべきでしょう（信用組合の業務ではありませんが、2017年（平成29年）に相次いで発覚したデータ改ざんや検査結果の偽装（大手鉄鋼メーカーの品質データ改ざん、自動車メーカーの無資格者による完成検査書類偽装や燃費データ詐称等）はその典型です）。

公表する方法には、プレスリリースやホームページの掲載、記者会見などがあり得ます。また、組合員や顧客への説明責任を果たすため、法令上の明文規定はありませんが、事業報告へ記載するという方法もあります。いずれにしても対外的に何を、どこまで、どのように伝えるかは慎重な検討を要しますので、弁護士の意見を聴取しておくべきだと思います。

また、記者会見を開いて謝罪するような場合には、会見の場所、時間帯、謝罪の方法等の留意点もありますので、弁護士に加えて、メディアコンサルタントにも相談をされるほうがよい場合もあるでしょう。

9　個人情報・マイナンバー漏えい対応

1　情報漏えい事案

個人情報の漏えいの原因には、外部からの不正アクセス、ウイルス感染、役職員による不正な持出し等の故意による行為のほか、役職員が紙や電子記録等を外部で置き忘れる等の過失など、さまざまな経緯があり得ます。

ベネッセ顧客情報流出事件（本章Ⅷ・2・2「顧客情報の漏えい」参照）のように個人情報（顧客情報）の漏えいは、信用低下など、

企業にとって深刻な損害を生じさせるものです。

2 情報漏えいにおける責任

個人情報（プライバシー情報）を漏えいさせた場合、民事上の責任として、漏えいさせた役職員本人に不法行為責任（民法709条）、信用組合に使用者責任（同法715条）の損害賠償責任が生じ得ます。

また、個人情報の保護に関する法律およびマイナンバー法に基づく個人情報保護委員会の勧告、命令、立入検査等（個人情報保護法40条・42条、マイナンバー法37条・38条等）があります。

3 個人情報・マイナンバーが漏えいした場合

(1) 被害拡大の防止

まずは被害を最小限に食い止めることが必要です。

情報漏えいのおそれがある場合には、すぐに責任者間で情報を共有し、以下の事項を調査します。

　　a　漏えいしている可能性の程度
　　b　どういう内容の情報が漏えいしている可能性があるのか
　　c　何件程度漏えいしている可能性があるのか
　　d　どの範囲まで拡散しているのか
　　e　いつごろから漏えいしている可能性があるのか
　　f　考えられる漏えいの原因や経路は何か

上記の調査の結果、システム障害や脆弱性に漏えいの原因の可能性がある場合には、ただちにシステムをシャットダウンしたり、修復を試みて、被害拡大を防止する必要があります。

また、大規模な漏えいの可能性がある場合などには、調査のため

の専門チームを立ち上げることも検討が必要です。

(2) **事実関係の調査、原因究明、影響範囲の特定（漏えいした件数、内容、漏えいした手段、原因）**

  a 個人情報・特定個人情報ファイル、関連システム等のアクセスログの解析
  b 入退室データや監視カメラの映像解析
  c アクセス権限をもつ者のスケジュールや行動確認

を実施します。

　不正アクセス行為の禁止等に関する法律（不正アクセス禁止法）や不正競争防止法上の営業秘密の侵害罪、窃盗罪やマイナンバーの故意の持出しなどの犯罪のおそれがあるときには、警察に被害届を提出し、捜査を依頼することを検討します。

(3) **再発防止策の検討・実施**

　上記7「再発防止策の策定」に記載したとおり、調査の結果明らかになった事実等をもとに、不祥事の原因（誰が、どの時点において、なぜ不祥事を起こしたのか）、その不祥事はなぜ未然に防止できなかったのか等を検証し、再発防止策を策定します。

　個人情報・マイナンバー漏えいの体制の見直し対象としては、

  a ヒューマンエラーが原因の場合は組織・人的安全管理措置の不備
  b 電子媒体等の持出し等が原因の場合は物理的安全管理措置の不備
  c システム設備の不備が原因の場合は、技術的安全管理措置の不備

ということになるでしょう。

(4) 影響を受ける可能性のある本人への連絡等

　調査の結果を踏まえて、被害者本人に報告や謝罪のための連絡を行うかどうかを検討します。本人へ通知を行う場合には、事実関係、把握している原因や規模、謝罪、問い合わせ窓口等の情報は必要となるでしょう。

　必ずしも本人へ連絡を入れることが義務付けられているわけではありませんが、プライバシー情報が含まれている情報が漏えいした場合、次のすべてに該当しているときには本人に連絡を入れるべきです。

　　a　第三者に見られることなく速やかに回収ができていない
　　b　高度な暗号化等の秘匿措置がとられていない
　　c　特定の個人を識別することができる状態である

(5) 被害者への金銭的補償等の対応

　従前の個人情報漏えいの事案では、自主的に1件当たり500円から1000円程度の補償を行った例が多いようですが（上記のベネッセ顧客情報流出事件では、希望する被害者に500円相当の金券を配布していました）、訴訟では1件数万円程度が認められた件もあります（個人情報流出の慰謝料として1人当たり3万円が認められた事案として東京地判平成19・2・8判例タイムズ1262号270頁参照）。

(6) 事実関係、再発防止策等の公表・報告

　個人情報の漏えいの不祥事が生じた場合に財務（支）局長への届出義務があることは上述のとおりですが、マイナンバー漏えいの場合

には、マイナンバー法28条の4、特定個人情報の漏えいその他の特定個人情報の安全の確保に係る重大な事態の報告に関する規則および「事業者における特定個人情報の漏えい事案等が発生した場合の対応について（平成27年特定個人情報保護委員会告示第2号）」に基づき、個人情報保護委員会への報告も行わなければなりません。

　また、事案の内容等に応じて、二次被害の防止、類似事案の発生回避等の観点から、事実関係および再発防止策等について速やかに公表する必要がある場合があります。

VII

組合員代表訴訟

1 組合員代表訴訟制度

1 組合員代表訴訟の意義

(1) 組合員代表訴訟

　組合員代表訴訟とは、役員が信用組合に対して何らかの責任を負っているのに信用組合がその責任を追及しない場合、組合員が信用組合に代わり、所定の手続を経て役員の責任を追及できるようにした制度です（中企法39条、会社法847条1項・3項～5項）。

　この制度は、あくまでも信用組合の役員に対する損害賠償請求を組合員が信用組合に代わって請求する制度ですので、組合員の請求が認められた場合でも、役員が損害賠償を支払う相手は組合員個人ではなく信用組合になります。

(2) 組合員代表訴訟の対象となる者

　組合員代表訴訟の対象となる者は、理事、監事、会計監査人、発起人もしくは清算人です（中企法39条、協金法5条の9第3項、会

社法847条1項)。また、すでに退任していたとしても対象になり得ます。

2 組合員代表訴訟の手続

(1) 提訴請求（中企法39条、会社法847条1項）

組合員は、信用組合に対して、書面または電磁的方法により、被告となるべき者と請求の趣旨および請求を特定するのに必要な事実を提供して、役員に対する責任を追及する訴えを提起するよう請求することができます。

提訴請求することができる組合員は、提訴請求時の6か月前（定款で短縮可能）から組合員である者に限られます。

(2) 提訴請求の宛先

提訴請求の相手は信用組合ですが、その宛先は、責任追及をする対象（被告となるべき者）によって異なります。

① **対象が理事の場合**

対象が理事（理事であった者を含みます）の場合には、監事を宛先にします。理事と信用組合間の訴訟では、監事が信用組合を代表することになるからです（協金法5条の6、会社法386条1項1号・2項1号および2号）。

② **対象が理事以外の場合**

理事以外の場合には、原則どおり、代表理事を宛先にします（中企法36条の8第2項）。

③ **理事と監事の双方を対象とする場合**

理事と監事の双方を対象とする場合には、代表理事と監事の双方

を宛先にします。提訴請求書自体は、代表理事と監事の連名を宛先にした1通のみを送付する方法でも、宛先を代表理事と監事に分けて、監事を対象とする請求書を代表理事に、代表理事を対象とする請求書を監事に、合計2通送付する方法でもよいとされています。

(3) 信用組合の不提訴判断と代表訴訟提起（中企法39条、会社法847条3項・5項）

信用組合が提訴請求の日から60日以内に責任追及等の訴えを提起しない場合には、提訴請求をした組合員は、信用組合のために、代表訴訟を提起することができます。また、60日の経過により信用組合に回復することができない損害が生じるおそれのある場合には、信用組合はただちに代表訴訟を提起することができます。

組合員が代表訴訟を提起したときは、遅滞なく信用組合に対し、訴訟告知をしなければなりません（中企法39条、会社法849条4項）。信用組合は、その訴訟告知を受けたときは、遅滞なくその旨を公告し、または組合員に通知しなければなりません（中企法39条、会社法849条5項）。

(4) 組合員代表訴訟が提起される裁判所の管轄

代表訴訟は、組合員の主たる事務所の所在地を管轄する地方裁判所に提起されることになります（中企法39条、会社法848条）。

3 代表訴訟の和解

代表訴訟について組合員と役員の間で和解をする場合に、信用組合が和解の当事者でないときは、裁判所は、信用組合に対して和解の内容を通知し、かつ、当該和解に異議があれば2週間以内に異議

を述べるべき旨を催告しなければならないことになっています（中企法39条、会社法850条1項・2項）。

　信用組合がその期間内に書面をもって異議を述べないときは、その通知の内容をもって組合員が和解をなすことを信用組合が承認したものとみなされ（中企法39条、会社法850条3項）、信用組合に確定判決と同一の効力が及びます。

　和解の内容は、他の組合員には周知させられないため、異議を述べるか否かの理事・監事の善管注意義務は重大です（江頭憲治郎『株式会社法　第7版』501頁～502頁参照）。

4　代表訴訟の判決

　代表訴訟の判決の効力は、勝訴・敗訴のいずれであっても信用組合に及びます（民事訴訟法115条1項2号）。

　組合員が全部または一部勝訴した場合、信用組合に対して代表訴訟の費用（調査費用、弁護士費用、通信費等）を請求することができます（ただし、相当と認められる範囲に限られます。中企法39条、会社法852条1項）。

　組合員が敗訴した場合は、悪意のときに限り、信用組合に対して損害賠償義務を負います（中企法39条、会社法852条2項）。また、勝訴した役員は、弁護士報酬等を含め防御のために要した相当の費用を信用組合に請求することができると解されています（江頭・前掲502頁～503頁参照）。

2 組合員から提訴請求を受けた場合の信用組合の対応

1 提訴請求対応のスケジュールの目安

提訴請求書受領日からの時系列	対　応　内　容	
受領初日	□受領日の記録。 □役員間で情報共有を行う。 □提訴請求書の形式要件の審査を行う。 □形式要件を満たす場合 　□対外的な開示の要否検討 　□調査体制（相談する弁護士等）を決定する。 　□事実関係調査を開始する。	
5日以内	□形式要件を満たさない場合 　□提訴請求の宛先間違いであれば、正しい宛先の機関に回付する。 　□方針協議・理事会等への報告をする。 　□代表祖訴訟とは関係なく、事実関係を調査する要否の検討等を	□組合員からの理事会議事録の閲覧・謄写請求への対応（中企法36条の7第5項）

45日以内	行う。 ☐証拠収集・法的な検討を行う。	
60日以内	☐提訴するか否かの判断をする。 ☐提訴相当と判断した場合 　☐提訴および告知を行う。	
組合員、役員等から請求を受けたとき	☐不提訴理由通知書を提出する。	

2　提訴請求受領後の具体的な対応

(1)　形式要件の審査

①　提訴請求書受領日の把握

　提訴請求書を受領した機関（代表理事または監事）は、まずその受領日を正確に把握して記録を残しておきます。

②　組合員要件

　そして、提訴請求組合員の本人確認、6か月前（定款により短縮している場合にはその期間）から組合員であることを確認します。

③　提訴請求の宛先

　提訴請求の宛先が正しいことを確認します。

　組合員が提訴請求の宛先を間違えた場合（監事宛にしなければならないにもかかわらず、代表理事宛にしていた場合等）は、組合員代表訴訟の提訴要件（中企法39条、会社法847条3項）を満たすことにはなりませんので、その後の組合員代表訴訟は不適法却下とな

ります。

　もっとも、組合員が提訴請求の宛先を間違えた場合は、誤った宛先の機関は正しい宛先の機関に提訴請求を回付するべきです。

　裁判所は、正しい宛先の機関が請求内容を正確に認識したうえで訴えを提起するかどうか判断する機会があったときは、当該組合員代表訴訟は不適法ということはできないと判断しています（農業協同組合の理事に対する代表訴訟の事例－最判平成21・3・31民集63巻3号472頁参照）。

④　請求の特定

　提訴請求書に、被告となるべき者、および請求の趣旨および請求を特定するのに必要な事実が記載されていることを確認します（中企法39条、会社法847条1項）。

　そして、請求の対象とされている者が現在または過去の役員であったか、請求の原因・損害額等が具体的に特定されて記載されているかを確認します。

(2) 形式要件を欠く場合の対応

① 提訴請求を受け付けない場合

　監事が形式審査を担当した場合には他の監事と協議を行い、提訴請求を受け付けないと判断すれば、それを理事会および関係部署に報告します。代表理事が宛先の場合には、理事会において協議を行い、提訴請求を受け付けない旨の決定を行います。

② 組合員への応答

　信用組合に組合員への応答の義務はありませんが、応答をするか否かを決定しておく必要があるでしょう。

③ 役員の違法・不正行為が疑われる場合

　提訴請求自体が形式要件を欠くとしても、役員の違法行為・不正行為が疑われる場合には、代表訴訟とは関係なく、事実関係の調査をする必要があります。

(3) 提訴・不提訴の判断

① 責任の有無の調査

　イ　事実調査・証拠収集・法的検討

　提訴請求が形式要件を満たしている場合、信用組合は、提訴するか否かの判断にあたり、対象とされている役員や関係部署からの事実関係の報告、関係資料の収集、弁護士・公認会計士等の専門家の意見・見解の聴取などの必要な調査を実施しなければなりません。

　そのうえで、類型ごとの責任が生じる要件を立証することができるかを確認して、責任追及等の訴えを提起するか否かを判断します（本章・Ⅲ・1・2「類型ごとの責任が生じる要件」参照）。

　ロ　判断する機関

　理事を対象とする提訴請求を受けた場合には、監事間で情報を共有し、協議したうえで、各監事が提訴するか否かを判断することになります（監事の独任制）。したがって、監事が1人でも提訴相当と判断をすれば理事に対する責任追及等の訴えを提起することになります。

　監事を対象とする提訴請求を受けた場合には、理事会で協議をして監事に対する責任追及等の訴えを提起するか否かを判断することになります。

② その他の勘案要素

　イ　勝訴可能性

信用組合が役員に対して責任追及等の訴えを提起し、結果として敗訴した場合には、提訴を行った機関の判断についての適切性が問われることになります。

場合によっては、訴訟追行費用等の損害を信用組合に生じさせたことについて、訴訟追行した理事や監事の任務懈怠責任が問われることもあり得ます。仮に事実調査等によって、役員に責任があると判断するに至ったとしても、それを立証するに足りる十分な証拠が存在するかどうかも勘案して、提訴・不提訴を判断する必要があります。

ロ　提訴の必要性

役員の責任が認められると判断した場合であっても、ただちに訴えを提起するのではなく、当該役員が任意に損害賠償の支払に応じる可能性や提訴前の和解等についても検討するべきです。

訴え提起によることなく解決することができれば、訴訟コスト等の費用等を抑えて解決することができるからです。

ハ　訴訟コストの検討

信用組合に生じている損害の額、役員の資力などからの回収可能性、訴訟手続費用、弁護士費用、人的・時間的負担などを総合的に見て、訴え提起がこれらのコストに見合うかどうかを検討する必要もあります。

③　専門家の関与の留意点

信用組合の顧問弁護士は、組合業務の内容や過去の経緯等に理解がある一方で、提訴請求の対象となっている案件について、過去に執行部門が相談や依頼をしていた等、一定の関与をしていることもあります。そのような場合には、顧問弁護士に利害関係が生じてしまいますから、顧問弁護士の意見・見解は客観性を欠くことになり

ます。

　提訴請求を受けた際には、事前に、提訴請求の対象となっている事実について、顧問弁護士に相談することに問題がないかを確認したうえで、場合によっては、独自に弁護士を起用することも検討するべきでしょう。

④　訴え提起の告知

　信用組合が役員に対して責任追及等の訴えを提起したときは、遅滞なくその旨を公告し、または組合員に通知しなければなりません（中企法39条、会社法849条5項）。

(4) 不提訴理由通知書の提出等

① 不提訴理由の通知

　信用組合は、提訴請求から60日以内に役員への責任追及等の訴えを提起しない場合、提訴請求をした組合員、対象となった役員から請求を受けたときは、当該請求者に対して、遅滞なく、責任追及等の訴えを提起しない理由を書面または電磁的方法で通知しなければなりません（中企法39条、会社法847条4項）。

② 不提訴理由通知書の記載事項

　不提訴理由通知書に記載しなければならない項目は次のとおりです（中企法施行規則70条）。

　　a　信用組合が行った調査の内容および判断の基礎資料
　　b　責任追及等の訴えについて、対象となった役員の責任・義務の有無についての判断
　　c　対象となった役員に責任・義務があると判断した場合において、責任追及等の訴えを提起しないときはその理由

③ 代表訴訟の証拠・任務懈怠の判断材料

　上記の内容は、後日の代表訴訟の証拠とされることもあり得ますし、不提訴の判断を行った機関の任務懈怠の有無の判断にも用いられます。また、不提訴理由の通知により、組合員が調査結果に納得すれば、不要な代表訴訟の回避につながることもあります。

④ 不提訴理由通知書の通知方法

　独任制の監事は、それぞれが信用組合を代表して請求者に対して個別に不提訴理由通知書を出すこともできますが、監事間に意見の相違がなければ1通の書面をもってすべての監事連名で不提訴理由通知書を交付するのが通常です。

(5) 調査・検討過程の記録・保管

　調査・検討過程は、しっかり記録・保管しておきましょう。これらは、役員に対して責任追及等の訴えを提起した場合には、その請求を立証するための証拠となります。訴えを提起しない場合は、調査を行った監事（または代表理事）が善管注意義務を尽くしたことを明らかにする資料となります。また、組合員から請求があった場合、調査の内容や資料、判断の理由を不提訴理由通知書に記載して提出するためにも必要です。

　組合員代表訴訟が提起された場合には、これらの記録が民事訴訟上の文書提出命令（民事訴訟法220条4号）の対象になることもあり得ます。

3　組合員代表訴訟における信用組合の関わり

1　共同訴訟参加・補助参加

　組合員または信用組合は、馴れ合い訴訟の防止（理事に不当に有利な訴訟上の和解をしたり、訴えを取り下げる等）のために、共同訴訟人として、または当事者の一方を補助するため、に役員の責任追及等の訴えに参加することができます（中企法39条、会社法849条1項）。

2　信用組合が補助参加するための要件

　信用組合は、組合員代表訴訟を提起された場合、被告となった理事や監事に責任がないと考えるときには、被告側に補助参加（民事訴訟法42条）することができます（中企法39条、会社法849条1項）。ただし、被告が理事（理事であった者）の場合は、信用組合が被告側に補助参加するためには、監事全員から同意を得なければなりません（中企法39条、会社法849条3項）。補助参加の際に信用組合を代表するのは代表理事になりますので、信用組合の判断の適正を確保するためにこのような要件が設けられています。

3　理事会議事録の閲覧・謄写請求等

　組合員は、役員への責任追及等を検討している場合に、理事会議事録の閲覧・謄写等を請求してくることがあります（中企法36条の7第5項）。

　組合員の権利行使のための必要性がない（請求を拒否する正当な

理由がある）にもかかわらず閲覧・謄写を認め、重大な企業秘密が漏えいしてしまった場合等には、理事の善管注意義務違反が問われることがあるので慎重な対応が必要になります。

4 提訴された役員の対応

1 弁護士の選任

　組合員からの提訴請求において、責任追及等の対象とされた役員は、その後、信用組合から事情聴取を受けたり、信用組合からの訴え提起あるいは代表訴訟が提起されることが予測されますので、提訴請求書が信用組合に送られた時点で、弁護士への依頼を検討しておくほうがよいでしょう。

　なお、信用組合と利害が相反するおそれがある場合には、信用組合の顧問弁護士への依頼は避けるのが通常です。また、同時に対象とされた他の役員がいる場合に、それらの役員と利害関係が異なっている場合には、個別に弁護士を依頼するようにするべきでしょう。

2 担保提供の申立

　代表訴訟の被告とされた役員は、裁判所に対し、組合員に担保提供を命ずるよう申し立てることができます（中企法39条、会社法847条の4第2項）。これは、代表訴訟自体が不法行為を構成する場合に、被告とされた役員が組合員に対して損害賠償請求をするための担保です（「要素として、被告の弁護士費用、精神的苦痛に対する慰謝料等が含まれて得て、実際には、被告一人につき300万円から1000万円程度の金額である例が多い」江頭憲治郎『株式会社法

第7版』499頁参照)。

　この場合、被告とされた役員は、当該訴訟が事実的・法律的根拠のないことを知りながら、またはその制度趣旨を逸脱し、不当な目的をもって被告を害することを知りながら提起されたものであること（「悪意」といいます）を疎明しなければなりません。

　そのため、D＆O保険（会社役員賠償責任保険）加入等によって保険会社から弁護士費用等の費用分の支払が受けられている場合で、代表訴訟自体が明らかな濫用事例とはいえないといったときには、悪意の疎明に力を注ぐよりも、あえて担保提供命令の申立はせずに請求棄却だけを求めて、早期解決をめざすほうが得策な場合もあります。

Ⅷ 責任が問われる具体的場面とその留意点

　ここでは、実際に信用組合および役員の責任が問われた事案、同じ協同組織である信用金庫の事例や信用組合の実務上参考になる株式会社等の事例について、事案の概要、裁判所の判断、ポイント等を紹介します。

1　業務の執行に関する責任

1　融資実行における理事の責任

　信用組合が、回収不能となる具体的なおそれのある融資を行った場合には、その融資判断を行った理事に善管注意義務違反ないし忠実義務違反の責任が生じます（東京地判平成18・12・21判例時報1959号152頁、甲府地判平成22・11・9事件番号平成21（ワ）170号。ほかに信用金庫の事例では、宮崎地判平成23・3・4判例時報2115号118頁。上告審　最決平成24・1・31事件番号平成23年（オ）2003号ほか参照）。

　一方で、信用組合の顧客の中には、業務実績不足や担保力不足等のため銀行からの融資を受けることが困難である者もいる場合があり、信用組合には、リスクの比較的高い事業者を取引先とせざるを

得ないという実態もあります。

　そこで、信用金庫の事例ではありますが、倒産危機の取引先への融資を行った理事らの責任が否定された事案を紹介します。

●岡山市民信用金庫事件（岡山地判平成19・3・27判例タイムズ
　1280号249頁）

【事案の概要】

　ある造船会社が倒産の危機にある状況の下、手形の支払期日までの10日間という短期間で当該造船所を支援するか否かの判断を迫られて行った信用金庫の実質無担保融資の実行について、理事らの善管注意義務違反の責任が問われました。

　この造船会社は、当該信用金庫の地域の数少ない造船業者であり、伝統と高い技術力のある企業で、存続させる価値の高い企業と評価されていました。

　また、この造船会社の倒産は他の中小の造船所の倒産を誘発する危険があり、また、地域の基幹産業でもある造船業者の倒産が地域経済全体に相当な影響を与えることが予想されたことや造船会社の大口債権者にはこの信用金庫の大口融資先があるといった事情もありました。

　さらに、信用金庫は、債権者団から造船会社の支援要請を受けており、造船会社の手形支払期日が到来する前の10日間という限られた期間内で融資の実行の適否を判断しなければならない状況に迫られていました。

【裁判所の判断】

　理事らが、造船会社や地域経済のため、多少のリスクを冒しても造船会社の支援に踏み切ったことは社会的に十分許容されるところであり、善管注意義務に違反するということもできないと判断しま

第6章 役員の責任

した。

【事案のポイント】

　融資実行にあたって考慮された地場産業・地域経済への影響などの要素が、信用金庫の存立目的に沿うものであって合理性を有しているという判断がなされたものといえます。

　こういった判断は、同じ協同組織である信用組合においても参考になります。

(1) 注意義務の程度

　一般企業の場合は、企業収益の向上を図る義務があるために一定のリスクをとることが不可欠であり、業務執行について広い裁量が認められていますが（経営判断の原則）、金融機関は、預金者からの預金を預かるという業務の性質上、これらの一般企業と同様にリスクをとることは許容されていません。

　したがって、信用組合の理事や銀行の取締役の融資業務に関する注意義務は、一般企業の取締役よりも高い水準が要求されます。融資には一般企業よりも慎重な調査・検討を要し、これを怠って漫然と融資を行えば、責任を免れることはできません（北海道拓殖銀行事件－最決平成21・11・9刑集63巻9号1117頁参照、信用組合理事につき甲府地判平成22・11・9事件番号平成21(ワ)170号）。

　もっとも、上記の造船会社への融資のように、多少のリスクを冒してでも融資・支援に踏み切ることが信用組合の存立目的に沿う場合など、当該融資の判断に一定の合理性があれば、結果として融資先が破綻することになったとしても、理事の責任が否定されることもあるのです。

(2) **理事の負う善管注意義務の内容**

　理事は、信用組合の経営の健全性を確保するため、融資については、その回収可能性の判断を慎重に行う義務を負います。
　本判決では、経営判断の原則の枠組みに沿って、
a　融資判断の過程について理事らは、限られた期間内で「できる限りの情報収集に努めてほぼ正確に造船会社の経営状況や業界事情を把握し（ていた）」、「金庫の職員を出向させて造船会社の経理、経営状況を的確に把握する措置をとってい(た)」
b　融資判断の内容については、「相当な支援条件を提示（していること）」、再建にあたっても、当時の信用金庫は業績が良好でリスクをとるだけの余力があったことや再建資金の提供を受けながら、なお支援を拒絶するというのは、信用金庫の存立目的に違背する方策と考えられたであろうと推察される
として理事らの融資判断は、適切な裁量の範囲を逸脱し、社会的に許容されない行為であったということはできないと結論付けています。

(3) **無担保融資における注意義務（北海道拓殖銀行特別背任事件－最決平成21・11・9刑集63巻9号1117頁　田原睦夫裁判官の補足意見参照）**

　融資業務における理事の判断において、相手方が正常企業の場合と実質破綻企業の場合では経営判断の内容が異なってくるでしょう。

① **正常企業の場合**

　信用組合は、地域・業域・職域の各分野の組合員のための金融機関ですから、その融資先は地元や同業種の中小企業や生活者が中心

となります。そのため、必ずしも十分な担保を有するとは限りません。

そうすると、理事としては、以下の項目等から厳しく総合的な判断を行うことが求められ、これらすべてが合理的であると判断できて初めて融資の実行が許されることになります。

> a　融資先の状況に対する慎重な審査
> 　貸付金の使途
> 　融資先の業績および資産
> 　融資先とのそれまでの取引状況、将来の見込み
> 　景気の動向等の経営の外部条件
> b　貸出条件の設定
> 　融資額
> 　返済方法
> 　担保の有無、内容等
> c　その融資によって信用組合が得る利益と回収の確実性など負担するリスク等

また、いったん、融資を実行した後であっても、その後の融資先の業務の状況、資金使途、業績等に係る情報を継続的に入手したうえで分析する等のモニタリングを継続してリスク管理を徹底することが求められます。

モニタリングにより、債権回収に不安を生じるおそれが認められるに至ったときは、融資先にその原因、事態解消のための方策を問い合わせ、そのうえで、その不安が現実化する危険が生じる場合には債権回収を図る必要があります。

② 実質破綻企業の場合

　上記造船会社への融資の場合等、融資先が実質破綻している場合であっても、既存の融資の回収の最大化と損失の極小化を図るうえで、一定の資金の融資が必要となる場合もあります。

　実質破綻企業への融資は、それが既存の融資の回収の増大に必要な費用としての性質を有している場合や当該融資先の救済目的を超えて信用組合の存立目的（組合員の相互扶助等）に資する事情がある場合に初めて肯認されます。

　そうすると、その融資の実行にあたっては、下記項目の詳細な検討が必要とされます。

> a　既存融資の回収可能性
> 　客観性をもった再建・整理計画の有無
> 　追加融資に伴う回収増加見込みの有無・程度
> 　その投入費用（実質破綻企業に対する赤字補填を含む）と回収増加額の関係
> b　リスク評価
> 　回収見込額の増減の変動要因の有無
> 　その変動の生じるリスク率
> c　融資継続・打ち切りのタイミング
> 　追加融資を継続する期間
> 　新たに生じた損失を負担してでも新規融資を打ち切る時点
> d　信用組合本体の財務状況（強い経営体質）
> 　融資を行う金額と、回収不可能となったときに信用組合の経営基盤に与える影響の有無・程度
> e　信用組合の存立目的との関係

> 融資先について地元企業として存続させる価値の有無
> 倒産した場合の地元地域経済への影響の有無・程度
> その他、地域経済の発展・維持への寄与度

　また、いったん、融資を実行した後においても、融資先の動静を常に注視し、その企業の状況、企業グループを取り巻く外部の状況変化による回収見込額の増減、予測される追加融資額を点検する等のモニタリングを継続し、見込まれる追加融資額が回収見込増加額を超える危険が生じた場合には、追加融資の実行を停止することが求められることになります。したがって、理事は、上記の追加融資の適否の判断において、常に時機に応じて適確な情報を入手し、合理的な分析をしたうえで新たな判断を行うことが求められます。

　なお、実質破綻企業への融資実行の判断が著しく合理性を欠く場合には、民事上の損害賠償責任だけではなく、刑事法上、背任罪の責任が問われる場合もあります（参考：北海道拓殖銀行特別背任事件－最決平成21・11・9刑集63巻9号1117頁および北海道拓殖銀行カブトデコム事件－最判平成20・1・28金融・商事判例1291号38頁等参照）。

(4) 信用組合と銀行（株式会社）の相異

① 融資業務に関して求められる注意義務の裁量の広さは同程度

　信用組合の理事と銀行の取締役につき、融資業務に関して求められる注意義務の程度（裁量の広さ）は、基本的には同程度のものであると解されています（東京地判平成18・7・6判例タイムズ1235号286頁。上記本章・Ⅲ・1・1・(1)・②・ロ・コラム「信用組合理事の注意義務と銀行取締役の注意義務」参照）。

② 存立目的の違いから差異が生じる可能性

　もっとも、法人の存立目的の違いから、融資実行の合理性の判断における結論に差が生じることはありうるものと考えます。

　すなわち、信用組合は、組合員からの出資によって成り立つ組合員の相互扶助を目的とした協同組織であり、その組合員は、地域、業域または職域を同じくする方に限られます。他方、銀行は株主から広く資本を集めて企業収益の向上を目指す株式会社であり、その株主は全国に存在し得ます。

　たとえば、災害等によって特定の限定された地域に大きな被害が生じた場合、災害復興のための融資が必要になりますが、被害が大きい場合には再建の見通しや回収の見込みがつかないこともあり得ます。

　株式会社である銀行の場合には、そのような段階で復興支援のための融資を実行することに二の足を踏むことがあるかもしれません。しかしながら、地域密着型金融機関である信用組合の場合には、地元の復興なくして自らの経営もあり得ません。地域の復興支援のために積極的に融資・支援を行うことが期待されます。この場合の融資は、地元の方の生活再建、地域産業の維持、発展や地域経済にも寄与する側面を有し、組合員の相互扶助という信用組合の存立目的に資することになり得ます。

　このような極限状態の場合には、信用組合は、地域密着型金融機関として、具体的な再建の見通しや回収の見込みが立つ前に率先して支援を行うべきだという判断があってよいと考えます。

　このようなときには、信用組合と銀行の存立目的の違いにより、融資実行の判断の合理性について結論が分かれる場合もあるのではないかと考えます（もっとも、その一事をもってすべて正当化され

るわけではなく、金融機関の経営体力、融資条件等、各要素を十分検討しなければならないことはいうまでもありません）。

> **Column　信用組合理事と銀行の取締役の裁量の広さに差異が生じる可能性を示唆する裁判例**
>
> 　信用組合の理事が行った融資判断につき、広範な裁量が認められると言及した裁判例があります（札幌地判平成17・4・22事件番号平成14(ワ)2341号。ただし、理事の注意義務の判断基準は、経営判断原則そのものであり、また、当該事案の結論においては理事の注意義務違反が肯定されています）。
>
> 　この裁判例は、信用組合理事の注意義務について、次のように判示しています。
>
> 　① 信用組合の目的
>
> 　信用組合は、中小規模の商業、工業等の事業を行う者や勤労者が、相互扶助の精神に基づき協同して事業を行うため、これらの者の公正な経済活動の機会を確保し、もってその自主的な経済活動を促進し、かつ、その経済的地位の向上を図ることを目的とする組織である（中企法1条・3条2号）。
>
> 　② 信用組合の組合員資格を有する者と信用組合の事業内容
>
> 　信用組合の組合員たる資格を有する者は、組合の地区内において商業、工業等の事業を行う小規模の事業者、同地区内に住所若しくは居所を有する者又は同地区内において勤労に従事する者で定款に定めるものとされ（同法8条4項）、その事業内容は、組合員に対する資金の貸付、組合員のためにする手形の割引、組合員預金又は定期積金の受入れ等を行うものとされている（同法9条の8）。
>
> 　③ 信用組合理事の職責
>
> 　信用組合の理事は、金融機関の運営を任された者として、専門

的な判断を要求されることはもちろんであるが、信用組合は、地域経済の安定と発展を期するという使命をも有するものであり、公益的な要請による政策的考慮に基づく総合的な判断をすることが要求されているというべきである。すなわち、信用組合の理事が融資を行うにあたっては、これにより組合が得るであろう利益と被るであろう損失の較量のみならず、地域社会に与える影響、将来における事情の変動の可能性を見越した総合的な判断が要求されるのである。

④　信用組合理事の判断について

このような理事の判断については、その性質上、おのずと広範な裁量が認められているというべきである。

したがって、信用組合の理事が行った融資につき、結果としてこれが回収不能になったとしても、そのことだけで理事がただちに善管注意義務に違反するとするのは相当でなく、これを判断するにあたっては、信用組合の理事一般に期待される知識、経験等を基礎として、当該融資判断の推論過程および内容が不合理なものであるか否か、その前提となった情報収集、分析、検討が合理性を欠くものであるか否かによって判断すべきである。

2　資金支出についての理事の責任

信用組合が、自己資本額を基準としたリスク限度を考慮せずにリスクあるファンドなどの債券を購入した場合、その判断を行った理事に善管注意義務違反ないし忠実義務違反の責任が生じます。

そこで、信用金庫の事案ではありますが、会員勘定（自己資本額）を超過してアジア債を大量購入した理事の責任が認められた事案を紹介します。

第6章 役員の責任

●岡山市民信用金庫事件（岡山地判平成19・3・27判例タイムズ1280号249頁）

【事案の概要】

信用金庫の会員勘定（自己資本額）を超過して行ったリスクの高いアジア債の大量購入等について、理事らの善管注意義務違反の責任が問われました。

【裁判所の判断】

アジア債購入行為について、理事には、自己資本額を基準として、信用金庫の財務体質を脆弱にせしめない程度の範囲内で行うべき注意義務があり、アジア債全体の保有高が自己資本の範囲を超えることは違法な投資となるとして、アジア債を購入した理事の責任を認めました。

また、アジア債購入の理事以外の理事らには、アジア債を購入した理事に完全に任せきりにし、この理事が明らかに積極的な投資に傾いていたのに、これを問題視して自らその投資を調査、検討することもせず、むしろ運用報告書に押印して違法な各投資を承認してきたとして、監視義務違反としての善管注意義務違反の責任を認めました。

【事案のポイント】

信用組合は、預金を預かる金融機関として、金融業務の健全な経営を確保し、預金者等の利益の保護することにより一般の信用を維持しなければならず（協金法1条）、自己資本比率の向上に努めなければならないものとされていますから（同法6条、銀行法14条の2）、信用金庫と同様に、信用リスクを管理する義務を負っています。

信用組合理事は、本件のような投資を行う場合、リスクの分散に

努めながら、考えうるリスクの中で最大限の損失が自組合に発生した場合でも、経営の健全性を維持できるよう、資本配賦を管理していなければなりません。

この経営の健全性を維持できるかどうかの指標として、協金法6条1項は、銀行法13条を準用して、同一人に対する信用供与等の額を規制しています。

信用組合に自己資本額を超過する損失が生じる事態になると預金払戻しに支障が生じることになることから、同一人に対して行う融資金、債務保証、出資等の信用供与等について自己資本の25％が限度額だとされています（協金法施行令3条）。そして、本件のような有価証券運用についても、同様の限界が画されます（協金法施行規則51条）。

このことから、理事が自己資本額を超える融資・資金支出を行う判断をした場合、基本的に善管注意義務違反の責任を免れることはできないと考えられます（当該行為を行った理事にその故意・過失がないことは考えにくいため）。

また、他の理事においても、そのような過大な投資等を問題視して調査・検討し阻止しようとしなかったことについては、当該投資等自体を知り得なかったといった事情がない限り、善管注意義務違反は免れられないことになります。

3　融資についての金融機関の責任

不動産購入の際には、その購入資金のために購入者との間で金銭消費貸借契約が締結されることも一般的ですが、近時、投資用マンションの購入等の勧誘方法等に問題があった場合に、購入者から不動産業者だけではなくて、金銭消費貸借契約を締結した金融機関も

被告として、金銭消費貸借契約の取消請求や損害賠償請求等の訴えが提起される事例が出てきていますので紹介します。

●東京地判平成26・10・30金融・商事判例1459号52頁
【事案の概要】
　いわゆるデート商法を用いて投資用マンションを購入させられた者が、住宅ローンとして金銭消費貸借契約を結んだ銀行に対して、主位的に、金銭消費貸借契約について公序良俗違反による無効、予備的に、金銭消費貸借契約締結についての説明義務違反に基づく損害賠償請求等を求めて訴訟を提起しました。

【裁判所の判断】
　①　公序良俗違反について
　当該事案では、銀行の責任は否定されましたが、判決は一般論として、下記の規範を示しています。
　金銭消費貸借契約（住宅ローン）と不動産売買契約は、経済的、実質的に密接な関係にあるので、売主（不動産業者）と貸主（銀行）との関係、売主の本件消費貸借契約手続への関与の内容および程度、売主の公序良俗に反する行為についての貸主の認識の有無、程度等に照らし、売主による公序良俗違反の行為の結果を貸主に帰せしめ、売買契約と一体的に金銭消費貸借契約についてもその効力を否定することを信義則上相当とする特段の事情がある場合には、本件消費貸借契約も無効となると解するのが相当である。
　②　説明義務違反について
　銀行の説明義務違反についても、傍論で以下のような言及がなされていました（責任自体は否定。控訴審（東京高判平成27・5・26判例時報2280号69頁）では、当該義務の言及部分は削除されました）。
　一般に、金融機関である被告銀行には、投資用の住宅ローン契約

に関する知識の乏しい顧客に対し、顧客の要望を真摯に聞いてローン返済に係る負担の軽減に努め、適切な情報提供とリスク等に関する説明をすべき義務がある。

【事案のポイント】

本件は銀行についての事案ですが、住宅ローンを扱う信用組合においても参考にすべき事案です。

金融機関として行うべき本人確認や借入意思の確認を怠って、不動産業者等にこれらの業務を丸投げしているような状態になれば、金融機関が不動産業者に金銭消費貸借契約の媒介を委託していたと同視されることもありうるでしょう。そのような場合には、不動産売買契約上の瑕疵が金銭消費貸借契約でも主張されて無効となるおそれ（最判平成23・10・25民集65巻7号3114頁参照）や説明義務違反による損害賠償請求を受けるおそれもあるということを念頭においておくべきでしょう。

4 不適切な金融商品の勧誘・販売

信用組合は、金融商品の販売等に関する法律（以下「金融商品販売法」といいます）に基づき、金融商品の販売等に際して勧誘の適正の確保を図る義務があります（金融商品販売法8条）。

不適切な勧誘を行えば、理事には不法行為責任等の責任が生じます。

そこで、代表取締役の不適切な投資ファンドの勧誘について、行為を行った代表取締役の責任と、その行為を防止できなかった名目的取締役の責任が認められた事案を紹介します。

●東京高判平成23・12・7判例タイムズ1380号138頁
【事案の概要】
　投資ファンドへの出資金名下に金銭を詐取するという違法な勧誘行為を行った販売会社の代表取締役とその名目的取締役らの不法行為責任が問われました。
【裁判所の判断】
　裁判所は次のように判断して、販売会社の代表取締役、名目取締役の責任の一部を認めました。
　代表取締役の販売行為は、各ファンドが、本来預り資金の流れもリスクの具体的内容も明らかでない不適正な金融商品であることを秘して、顧客らに対して、確実に利益が上がる投資である旨虚偽の事実を述べて勧誘を行い、出資金名下に金員を詐取したことになるので、不法行為に該当する。
　また、販売会社の名目的取締役については、取締役である以上、対外的に、販売会社の代表取締役が行う業務執行につきこれを監視し、必要があれば、取締役会を通じて代表取締役による業務の執行が適正に行われるように監視する義務があり、その責任を免れることはできない。
【事案のポイント】
　本件は株式会社の事案ですが、金融商品を取り扱う信用組合についても不適切な金融商品の勧誘・販売を行えば、同様に理事の責任となります。
　信用組合としては、もちろん出資金を詐取することは論外ですが、金融商品に関する勧誘方針として、次の項目を定めて金融商品の販売等に際して勧誘の適正の確保を図る義務があります（金融商品販売法8条）。

a　顧客の知識、経験、財産の状況および当該金融商品の販売に係る契約を締結する目的に照らして配慮するべき事項（適正な情報の提供と商品説明を行うこと等）

　b　勧誘の方法および時間帯に関し顧客に対し配慮すべき事項（金融商品の重要事項を説明すること、顧客に不都合な時間帯や場所での勧誘を行わないこと等）

　c　その他勧誘の適正の確保に関する事項

　また、本事案に限りませんが、名目的な理事は、他の理事が違法または不適切な業務執行を行った場合、名目的であることをもって監視義務違反の責任が免れるわけではないことも認識しておくべきでしょう。

5　所管事業の報告・説明の不履行

　代表理事は、合理的な方法で情報収集・分析・検討を行い、その結果を前提として合理的と考える判断を行って経営を行います。この情報収集・分析・検討の過程では、所轄事業を担当する理事からの説明・報告の内容が重要となりますから、担当理事には、所轄事業に関する判断に必要な情報の収集、分析および検討とその結果を代表理事に説明・報告すべき善管注意義務が認められるのです。

　そこで、所轄事業の報告・説明を怠った取締役の責任が肯定された事案を紹介します。

●東京地判平成22・6・30判例時報2097号144頁
【事案の概要】
　代表権のない取締役が、自己の所管の事業について必要な情報の収集、分析検討をしたうえで代表取締役に説明・報告するという義務を履行しなかったことにより、代表取締役の判断を誤らせて会社

に損害を与えたとして、当該取締役の善管注意義務違反の責任が問われました。

【裁判所の判断】
　取締役は、インターネットを利用した通信販売等の事業を担当する取締役として、事業の前提となる事実関係について合理的な情報収集、分析および検討を加えたうえで、代表取締役にそれを説明、報告すべき注意義務を負い、当該取締役がその義務に違反した結果、代表取締役をして当該事業の重要な事実について誤信させて判断を誤らせ、これによって会社に約1億7600万円の損害を生じさせたものと認定しました。

　また、当該事業は代表取締役の経営判断によって決定されたものであり、その代表取締役の判断に善管注意義務違反がないとしても、これによって当該取締役に善管注意義務違反がなかったとする理由にはならないとも判示しています。

【事案のポイント】
　理事には、自己の所管する事業について、代表理事等が業務執行を行うために必要な情報を収集、分析および検討し、代表理事等にそれを説明、報告して、代表理事等が誤った業務執行をしないようにする注意義務があります。

　理事が事業の担当を任されたときには、担当する事業において、代表理事が経営判断を行うために重要な要素となるのは何かを常に念頭におきながら、情報収集、分析・検討した結果を理事会その他必要な方法で代表理事等に説明・報告することを怠らないようにしましょう。

6　信用組合の破綻

　信用組合が破綻した場合には、破綻に至る経緯において歴代の理事が下した判断についての責任が問題となり、歴代の理事長、専務理事、常務理事等の業務執行を行った理事らが共同で訴えられることもあります。

　そこで、信用金庫が破綻するに至り、歴代の理事長等の責任が問われた事案を紹介します。

●岡山市民信用金庫事件（岡山地判平成19・3・27判例タイムズ1280号249頁）

【事案の概要】

　本事案は、①前記1・1の造船会社への実質無担保融資の実行、②同2のアジア債の大量購入と同じ事案です。理事の放漫経営について、これらの責任追及のほか、③退職慰労金を得られなくなった元理事から後任理事への損害賠償請求、④整理回収機構の元理事に対する貸金返還請求、⑤詐害行為取消権に基づく元理事から配偶者への贈与契約等の取消請求、および⑥金庫破綻により失職した元職員から理事への半年分の給与相当額の損害賠償請求の合計6件の事件が併合されていました。

【裁判所の判断】

　①　造船会社への実質無担保融資

　社会的に十分許容される融資であったとして理事の責任は否定されました。

　②　アジア債の大量購入

　自己資本額を超過するアジア債の大量購入は善管注意義務違反であるとして理事の責任が肯定されました。

③　元理事の退職慰労金請求

退職慰労金が得られなくなったことについては、不法行為は成立しないとして理事の責任は否定されました。

④　整理回収機構の元理事に対する貸金返還請求

⑤　詐害行為取消権に基づく元理事から配偶者への贈与契約等の取消請求

いずれも請求が認容されました。

⑥　元金庫職員の理事に対する損害賠償請求

理事にはアジア債を売り逃げなかったこと等について重過失まではないとして責任が否定されました。

【事案のポイント】

役員の信用組合または第三者に対する責任が時効によって消滅するまでには、10年間を要しますので（民法167条1項。最判昭和49・12・17民集28巻10号2059頁参照）、信用組合が破綻した当時にすでに役員を退任していたとしても、ただちに責任を免れるわけではありません。

信用組合が破綻に至ったとなれば、過去に遡って理事の責任が追及されることがあり得ます。その際、役員の責任の判断にあたっては、当時の経済情勢や個々の信用組合特有の事情も斟酌されることになります。

2　内部統制上の責任

1　反社会的勢力との取引

第7章・Ⅰ「反社会的勢力への対応」で詳しく述べていますが、

信用組合は、反社会的勢力との関係を遮断すべき法的義務を負っています。

反社会的勢力との関係遮断の努力を行っていない場合には、金融庁から業務改善命令を受ける等、さまざまなペナルティを負います。

以下は、主債務者が反社会的勢力であることが判明したことから、信用保証協会から保証債務の履行を拒絶された事案です。

●大東京信用組合保証債務履行請求事件（差戻控訴審東京高判平成28・8・3金融・商事判例1500号16頁、最判平成28・1・12金融・商事判例1483号23頁〔④事件〕）

【事案の概要】

信用組合と信用保証協会との間で保証契約が締結され融資が実行された後に主債務者が反社会的勢力であることが判明したために、信用保証協会が動機の錯誤により保証契約が無効である旨主張し、主債務者から返済されなくなった融資の肩代わりを拒否した事案です。

第一審、控訴審は、ともに信用保証協会の主張を認めて、信用組合からの保証債務履行請求を棄却していました。

これに対し、最高裁判所は、「主債務者が反社会的勢力でないことはその主債務者に関する事情の一つであって、これが当然に同契約の内容となっているということはできない」として、動機の錯誤には当たらないとの判断を示しました。そして、動機の錯誤の主張を認めた原審の判断には法令解釈適用を誤った違法があるとして、原判決を破棄し、保証債務の免責の抗弁等についての審理を尽くさせるために本件の差戻しを命じていました。

本件は、その差戻控訴審での判決です。

第6章　役員の責任

【裁判所の判断】

　裁判所は、以下の理由から、信用保証協会が融資の肩代わりをするべきだとして、信用保証協会に対し、信用組合への保証債務の履行として約260万円を支払うよう命じました。

① 　信用組合と信用保証協会は、両者間の基本契約上の付随義務として、個々の保証契約を締結して融資を実行するのに先立ち、相互に主債務者が反社会的勢力であるか否かについてその時点において一般的に行われている調査方法等に鑑みて相当と認められる調査をすべき義務を負っている。

② 　信用組合が上記の相当な調査をすべき義務に違反した結果、反社会的勢力を主債務者とする保証契約が締結された場合には、基本契約上の付随義務に違反することとなり、免責条項に該当することになる。

③ 　信用組合は、下記のとおり、当時一般的に行われていた調査方法等に鑑みて相当と認められる調査を行っていた。

　本件貸付け当時、信用組合では、法令等遵守管理規程および反社会的勢力対応マニュアルを定め、反社会的勢力に組織的に対応する態勢を整備していた。

　信用組合は、これらの取組みの実践として、各部店において相手方が反社会的勢力であるか否か十分注意し調査するよう注意喚起するとともに、各部店において随時収集した反社会的勢力に関する情報を一元的に集約してデータベースを構築し、公益社団法人警視庁管内特殊暴力防止対策連合会から提供される情報と併せてイントラネットで各部店長が閲覧できるようにし、融資に当たって活用する取組みを行っていた。

　本件貸付けの主債務者となった者の審査の過程では、反社会

的勢力であることを疑わせるような事情はなく、また、データベースによる確認においても該当しなかった。

④　よって、信用組合は、かかる調査義務に違反したとは認められない。

【事案のポイント】

事前に反社会的勢力と呼ばれる者との取引を100％防止することは無理だとしても、未然防止のため、必要な調査を十分に行っておくことが重要になります。

相当な調査を行ったと認められるか否かは、一義的に定まるものではなく、当時の一般的な調査方法等との比較において判断されるものです。

本件差戻控訴審では、信用保証協会は、信用組合が警察に反社会的勢力該当性の照会を行っていなかったことが調査義務の懈怠にあたると主張していたようですが、同判決では「本件貸付け当時は、反社会的勢力に対して企業に求められる対応が、従来の不当要求の拒絶から企業の社会的責任の観点から一切の関係遮断へと一歩進んだ転換期であり、警察において、金融機関の融資に当たり一般的に相手方が反社会的勢力に該当するか否かの照会に応じていたかは疑問である……（中略）……から、控訴人（信用組合）において本件貸付けを行うにあたり、警察への照会を行わなかったからといって、調査義務を懈怠したとはいえない。」と判示されています。

しかし、これはあくまでも、「転換期」とされる当時の警察の対応を前提としたものです。

現在では、警察庁は、銀行や証券会社に対し、オンラインによる暴力団情報の照会に応じるシステムを運用しています。また、都道府県警は個別照会にも対応しています。

現在の一般的な調査方法からすれば、金融機関が警察への照会を行わないことが調査義務の懈怠だと認定される可能性は十分あり得ます。

2　顧客情報の漏えい

　信用組合の業務では、顧客の個人情報（マイナンバー）、資産の状況、与信判断のために必要な健康状態等の情報を保有することになります。個人情報等とあわせて預金残高などの資産状況が漏えいすれば、その情報が犯罪にも利用されかねません。

　漏えいの規模が大きな場合には、信用組合の信用を揺るがし、その存続さえ危うくなるほどの深刻な損害が生じることになるでしょう。

　以下は、顧客情報が漏えいしたことについて責任が問われている事案です。個人情報漏えいの事後対応については、本章・Ⅵ・9「個人情報・マイナンバー漏えい対応」を参照してください。

●ベネッセ顧客情報流出事件（最判平29・10・23判例時報2351号7頁）

【事案の概要】

　株式会社ベネッセコーポレーション（以下「ベネッセ」といいます）のシステム開発・運用等の業務委託を受けていた会社の従業員が、営業秘密である顧客の氏名、生年月日、住所等の情報約3000万件をダウンロード・複製して領得し、そのうち約1000件をインターネットを介して名簿業者に開示したという事案です（東京高判平成29・3・21判例タイムズ1443号80頁、不正競争防止法違反被告事件において、当該従業員は懲役2年6月、罰金300万円の有罪判決を受けています）。

ベネッセの顧客であった10歳の子の保護者が、自己の個人情報が流出したとして、ベネッセに対し、不法行為に基づく10万円の損害賠償請求等を求めて訴えを提起しました。一審（神戸地姫路支判平成27・12・2判例時報2351号11頁）は、個人情報流出についてベネッセの過失を基礎付ける具体的事情の主張立証がないとして請求を棄却しました。また、控訴審（大阪高判平成28・6・29判例時報2351号9頁）は、保護者からの控訴に対し、個人情報流出による迷惑行為を受けた事実や財産的な被害といった不快感・不安を超える損害発生の主張立証がないとして当該控訴を棄却しました。
　そこで、保護者が上告受理申立を行ったのが本件です。
【裁判所の判断】
　最高裁は、以下のような理由を示して、原判決を破棄し、大阪高裁に審理を差し戻しました。
　①　（今回流出した保護者の）個人情報はプライバシーに係る情報として法的保護の対象となるから（最判平成15・9・12民集57巻8号973頁）、本件漏えいによって、保護者は、そのプライバシーを侵害されている。
　②　控訴審は、プライバシーの侵害による保護者の精神的損害の有無およびその程度等について十分に審理することなく、不快感等を超える損害の発生についての主張、立証がされていないということのみから直ちに控訴を棄却しているから、その判断には、不法行為における損害に関する法令の解釈適用を誤り、保護者の受けた精神的損害の有無・程度について十分に審理を尽くさなかった違法がある。
【事案のポイント】
　個人の顧客の情報は、個人情報（①「生存する個人に関する情

報」であって、②「特定の個人を識別することができるもの」。個人情報保護法2条1項）に該当します。

　プライバシー情報（①私生活上の事実または私生活上の事実らしく受け取られるおそれがあり、②一般的に公開を欲しないであろう事柄で、③一般の人に未だに知られていない情報）と個人情報には要件の違いがあり、プライバシー情報の漏えいによるプライバシー侵害は即損害賠償の対象となりますが、個人情報の漏えいは必ずしも損害賠償の対象となるとは限りません。

　ただし、近時の判例・裁判例は、氏名、住所、電話番号等の個人情報を他の情報とあいまってプライバシー情報となるという立場をとっており、世間的には、個人情報の漏えいが損害賠償の対象となるという理解が進んできているように思われます。

　そういう意味では、本件の最高裁は従前の判例・裁判例の立場に沿った判断を示しただけであり、請求を棄却していた一審や控訴審のほうがこれまでの裁判例の流れと異なる判断をしていたといえます。

　信用組合役員としては、顧客情報の流出がプライバシー侵害行為として、信用組合の信用を大きく損なうとともに、巨額な損害賠償請求を受けるおそれがあるという認識を持ち、役員自身が顧客情報を漏えいさせた場合だけではなく、職員や業務委託先からの情報漏えいを防止する組織体制の整備を怠ったという場合にも役員としての責任を問われることがあるということを自覚しておく必要があるでしょう。具体的には、金融庁ならびに個人情報保護委員会による「金融分野における個人情報保護に関するガイドライン」および「金融分野における個人情報保護に関するガイドラインの安全管理措置等についての実務指針」、そして「特定個人情報の適正な取扱

いに関するガイドライン（事業者編）」および「（別冊）金融業務における特定個人情報の適正な取扱いに関するガイドライン」に沿った情報管理体制等を構築する必要があります。

　なお、当該顧客情報流出についての報道等によれば、ベネッセは、上記訴訟とは別に、被害者の会による1万人超の原告による集団訴訟も係争中だそうです。さらに、平成27年12月には、親会社である株式会社ベネッセホールディングス役員6名に対して、約260億円の損害賠償請求を求める株主代表訴訟が岡山地方裁判所で提起されたとの報道もありました。このように、流出事件による影響はかなり大きいものがあります。

3　労務対応

　信用組合の労務対応として、信用組合や信用金庫の責任等が問われた事案を紹介します。

(1)　合理性のない役職定年制を導入（就業規則の不利益変更）したことについての信用金庫の責任

〈熊本信用金庫事件（熊本地判平成26・1・24労働判例1092号62頁）〉
【事案の概要】
　信用金庫の元職員が、信用金庫に対して、役職定年制の導入という就業規則の不利益変更により得られなくなった基本手当の差額分等について労働契約に基づく給与請求および不法行為に基づく損害賠償請求を求めた事案です。
【裁判所の判断】
　裁判所は、役職定年制の導入という就業規則の変更は、職員らに多大な不利益を与える一方で、変更の必要性はさほど高度なもので

はなく、適切な代替措置も講じられていないので、当該就業規則の変更は合理性を欠き無効だと判示しました。

そして、信用金庫に異議がない旨の意見書を提出した者以外の元職員についても、積極的に反対の意思を表明することなく変更後の給与等を受け取っていたとしても、それを就業規則の変更についての黙示の同意だとすることはできない、としています。

【事案のポイント】

就業規則の変更には、変更後の就業規則を職員に周知させること、そして就業規則の変更に合理性が認められることが必要です。そして、その合理性の有無は、職員の受ける不利益の程度、労働条件の変更の必要性、変更後の就業規則の内容の相当性、労働組合等との交渉の状況その他の就業規則の変更に係る事情等に照らして総合的に判断されます（労働契約法10条）。就業規則の不利益変更において合理性があるといえるためには、相当高度な経営上の必要性と不利益を緩和する代償措置の存在が必要になります。

不利益変更にこれだけの合理性まで認められると断言できないような場合には、念のため、すべての職員から個別に同意を得ておくことも検討しなければなりませんが（労働契約法9条の反対解釈）、事後的に不利益変更の有効性が争われることになったときには、その同意に①変更による不利益性を十分に認識して、②自由な意思に基づき、③同意の意思を表明したという事情を立証していかなければならなくなります。

これらを立証できない場合には、信用組合側の責任となり、本事案のように給与請求等がされることがあり得ます。

(2) 組織再編に伴う労働条件変更

〈山梨県民信用組合事件（東京高判平成28・11・24労働判例1153号5頁）〉

【事案の概要】

　A信用組合は、B信用組合の経営破綻を回避するために救済合併し（Aが存続組合、Bは解散）、B職員ら全員の雇用契約を承継しました。このとき、B職員らの退職金は合併後の退職する際に勤続年数を通算してA信用組合の職員と同一水準の待遇（B職員らにとっては大幅な減額）にするという内容で同意書をとっていました。

　さらに、その翌年にA信用組合は他の3信用組合と合併し、山梨県民信用組合となりました。この合併に先立ち、合併に伴う新労働条件は、各支店で支店長が説明書を読み上げ、職員がその説明書に署名するという手続をとりましたが、就業規則改定は行いませんでした（その5年後に新労働条件での就業規則改定（新退職金規程の制定）を実施）。

　この新労働条件の退職金規程制定前後に退職した元B職員らが、従前のB信用組合の退職金規程による退職金支払を山梨県民信用組合に求めて訴え提起したのが本件です。

　一審、二審は元B職員らの請求を棄却しましたが、最高裁は労働条件変更への同意が自由意思に基づくものであるか審理が尽くされていないとして原判決を破棄して差し戻しました（最判平成28・2・19民集70巻2号123頁）。

【裁判所の判断】

　差戻審では、元B職員らは、基準変更により退職金の支給につき生ずる具体的な不利益の内容や程度についての必要十分な情報提供

や説明を受けられていなかったとして、同意が自由な意思に基づいてされたものとはいえない等とし、労働条件の変更を認めず、B信用組合の退職金規程に基づいた元B職員らの退職金請求を一部認めました。

【事案のポイント】

本件は、退職金の条件変更について就業規則の改定よりも先に職員らから同意を取得していることから、就業規則の不利益変更の有効性ではなく、同意の有効性が主な争点となりました。

退職金に関わる問題は、その性質上、労働条件変更から長期間経ってから紛争化することになりますので、個々の職員らの同意が自由意思に基づいてなされたことを立証していくのはかなり困難であるといえます。

本件では、B信用組合が経営破綻の危機に瀕していた事情があるので、職員らの個別の同意をとるという措置をとる前に、就業規則変更手続として変更後の就業規則を職員らに示し、退職金の条件変更に合理性があることを説明するというアプローチをとるべきだったと思います（就業規則を変更の留意点は、上記（1）の【事案のポイント】参照）。

(3) 懲戒解雇が無効であるとの司法判断が確定したことについての理事の責任

〈渡島信用金庫会員代表訴訟事件（札幌高判平成16・9・29労働判例885号32頁）〉

【事案の概要】

理事が職員に対して行った懲戒解雇について、労働委員会から原職復帰等の仮処分および救済命令が出てもこれに従わず、その後、

訴訟において解雇無効が確定したという事案です。解雇無効が確定したことにより、信用金庫は、当該職員に対し、懲戒解雇から復職までの期間の賃金等相当額を支払うことになりました。

信用金庫の会員は、当該理事に対し、懲戒解雇から復職までの間、当該職員を就労させないまま、その賃金等相当額を支払うことが信用金庫の損害であるとして、その損害賠償を求める会員代表訴訟を提起しました。

【裁判所の判断】

裁判所は、司法の判断によって懲戒解雇が無効であることが最終的に確定した場合には、特段の事情がない限り、懲戒解雇をした理事らには善管注意義務違反および忠実義務の違反が認められるとしたうえで、その損害については、会員が請求したとおり、職員に支払った賃金相当額が信用金庫の損害として生じていると判示しました。

一般に、賃金が労働者によって供給される労働の対価であり、賃金を支払う以上は、それに見合う労働を受けられるはずで、労働を受けられないとすれば、原則として、賃金相当分の損害が使用者側に生じているものと解するのが相当だというのがその理由です。

【事案のポイント】

裁判所は、理事が行った無効な懲戒解雇により、当該懲戒解雇から復職までの間に当該職員を就労させないまま、その賃金等相当額だけを支払うことになった点で、理事の善管注意義務違反による損害賠償責任を認めました。

懲戒解雇は、労働者に対する最も重い懲戒処分であり、被解雇者が解雇無効を争う可能性も低くはありません。被解雇者からは解雇日から原職復帰までの賃金等相当額の支払を請求されることになりますので、紛争が長期化する場合には請求金額も多額になります。

この判決に従って考えれば、理事は、職員の懲戒解雇を行う場合、当該解雇が無効となったときには、組合員代表訴訟を提起され、多額の損害賠償を請求されるリスクがあることになります。

懲戒解雇を行う前に、必要に応じて顧問弁護士にも相談したうえで、その要件（a懲戒解雇事由の規定とその該当性、b懲戒解雇の相当性、c過去の事例等に照らした平等取扱い、d弁明の機会付与などの適正手続の履践）を慎重に検討し、適正な手続を履践する必要があるでしょう。

3 監督・監査上の責任

1　他の理事の不正行為の監視義務

他の理事の監督は、理事の重要な職務の1つです（第1章・Ⅱ・6・3「理事会の内外での監督義務」参照）。

ある理事に違法行為・不正行為があれば、それ以外の理事については監視を行っていたか、違法行為等を防止することはできなかったかが問われます。

そこで、理事の監視義務違反が肯定された事例と否定された事例を紹介します。

(1)　理事の監視義務違反が肯定された事案

〈岡山市民信用金庫事件（岡山地判平成19・3・27判例タイムズ1280号249頁）〉

【事案の概要】

他の理事が行った金庫の自己資本額を超えるアジア債の大量購入

について（前記1・2の事案）、理事らの監視義務違反が問われました。

【裁判所の判断】

理事らは、他の理事が行った違法な投資行為について、これを問題視して自らその投資を調査、検討せず、むしろ当日運用報告書に押印して違法な本件各投資を承認しており、監視義務を果たしていないと判示しました。

(2) **理事の監視義務違反が否定された事案**

〈東京地判昭和61・2・18金融・商事判例754号31頁〉

【事案の概要】

信用金庫の専務理事が独断専決した不良貸付および過振り（当座預金残高以上の小切手を振り出したこと）について、代表理事（肩書きは理事長、その後会長）の監視義務違反が問われた事案です。

【裁判所の判断】

貸付について、理事長の決裁が必要であるにもかかわらず、専務理事が自ら決裁し独断専決していたというのであるから、代表理事には専務理事の不良貸付の事実を知り得る機会がなかったと認定しています。

過振りについて、専務理事は、代表理事に当該事実が明らかになることを極力避けるため、第三者からの借入金等によって過振りの事実をごまかしていて、代表理事が専務理事の過振りの事実を探知することは困難であったと認定しています。

これらのことから、代表理事には専務理事の職務行為を監視するについての任務懈怠はない、として代表理事の責任は否定されました。

(3) 両事案のポイント

　両事案の監視義務違反の責任の有無を分けたのは、監視義務を負う理事が他の理事の違法な職務執行の事実を探知することができたかどうかという点です。

　違法行為等を行っている理事等が積極的に隠ぺいをしている等、合理的な手段・方法によっても違法行為等を探知することが不可能ないし困難な場合には監視義務違反の責任を負うことはありません。

　理事が監視義務違反を問われないようにするためには、a理事会に出席すること、b理事会において代表理事や業務執行理事に対して疑義等があれば質問や資料の提出を求めて調査を尽くすこと、cこれらの発言内容を議事録に記載する等して記録化し、事後的に監視義務が尽くされていたかが問題となったときに、通常行うべき職務は尽くしていたことを客観的に明らかにできるようにしておくことが重要です。

2　監事の任務懈怠

　代表理事等の職務の執行に不正な行為または法令・定款違反もしくは著しく不当な事実がないかを監査するのは、まさに監事の職責です（第1章・Ⅰ・3・1「監事の役割」、第1章・Ⅱ「役員の義務」参照）。

　経営におけるガバナンスの向上が求められている現在では、代表理事に一任して踏み込んだ監査は行わないとする慣行があるなどという主張は到底認められるものではありませんし、監事は自らの職責を自覚して、理事の行為等で不正等が疑われる事情があれば、積極的に踏み込んだ調査を行う姿勢をもつ必要があります。

以下では、農業協同組合の代表理事に善管注意義務違反があることをうかがわせる事情があったにもかかわらず調査などを行わなかった監事の責任が肯定された事案を紹介します。
●大原町農協事件(最判平成21・11・27金融・商事判例1342号22頁)
【事案の概要】
　農業協同組合において、代表理事に善管注意義務違反があることをうかがわせる事情があったにもかかわらず、監事がそれを調査、確認することなく放置したことから、農業協同組合が監事に対して、任務懈怠による損害賠償請求をした事案です。
【裁判所の判断】
　監事の職責は、適正なものとはいえない慣行の存在(理事会の一任を取り付けた代表理事の決定に従い、他の理事や監事はそれに深く関与しないという慣行)によって軽減されるものではないとして、代表理事の一連の言動は明らかな善管注意義務違反があることをうかがわせるに十分なものであったにもかかわらず、監事が理事会に出席し、代表理事の説明に疑義があるとして、代表理事に対し、詳細な説明や資料の提出を求めるなどの調査、確認をすることなく放置したことは、監事の任務を怠ったものとして、監事の責任が肯定されました。
【事案のポイント】
　本件は農業協同組合の事案ですが、信用組合の監事も同様に考えられるものであって参考にすべき事案です。
　①　責任の有無の判断ポイント
　本事案を念頭においた場合、監事の責任の有無の判断は2段階に分けることができます。
　イ　業務執行理事の善管注意義務違反をうかがわせる言動等があ

る場合に、それを察知したかどうか

　監査役の事案ですが、任務を懈怠したというためには、取締役の善管注意義務に違反する行為等をした、またはするおそれがあるとの具体的な事情があり、監査役がその事情を認識しまたは認識することができたと認められることを要するとした裁判例があります（大阪地決平成27・12・14金融・商事判例1483号52頁参照）。

　理事の善管注意義務違反をうかがわせるに十分な言動等があるにもかかわらず、監事がそれを見逃している場合にはそのこと自体も任務懈怠責任を問われ得ることになります。

　ロ　上記イを察知して、調査・確認をしたかどうか

　理事の善管注意義務違反をうかがわせる言動等を察知しながら、監事が調査を尽くさない場合には任務懈怠責任を問われ得ることになります。

　監事としては、理事の業務執行について疑義がある場合には、業務監査権（中企法36条の3第2項、協金法5条の6、会社法381条）の行使として、理事等に業務の報告を求めたり、理事会に出席して意見陳述や報告を行い（協金法5条の6、会社法382条・383条）、信用組合に著しい損害が生じるおそれがあるときは、当該理事の行為の差止めを請求するといった措置をとることが必要です（協金法5条の6、会社法385条）。

　②　ガバナンスの強化

　中企法および協金法は、商法・会社法の改正に伴って改正され、株式会社と同じように年々ガバナンスの向上が強く求められるようになってきています。監事の権限も強化されてきていますので、その分、職務上の責任も重くなっているといえるでしょう。

　現在では、監事が、代表理事に一任して踏み込んだ監査は行わな

いといった対応をとれば、その責任が問われることになります（ほかに、大和銀行株主代表訴訟事件－大阪地判平成12・9・20金融・商事判例1101号3頁、最決平成28・2・25事件番号平成27年(受)1529号、大阪高判平成27・5・21金融・商事判例1469号16頁等)。

　もし、このような悪しき慣行が残っているとしたら、ただちに改めるようにしましょう。本判決では、「たとえ組合において、その代表理事が理事会の一任を取り付けて業務執行を決定し、他の理事らがかかる代表理事の業務執行に深く関与せず、また、監事も理事らの業務執行の監査を逐一行わないという慣行が存在したとしても、そのような慣行自体適正なものとはいえないから，これによって軽減されるものではない。」と判示されています。

第7章

その他の重要事項

I

反社会的勢力への対応

　信用組合には、反社会的勢力との関係を遮断すべき法的義務があります。そこで、信用組合としては、反社会的勢力による関係遮断を、業務の適正を確保するために必要な法令遵守・リスク管理事項として内部統制システムに位置付け、組織全体で、本章・3「反社会的勢力との関係遮断のための対応策」で述べるような反社会的勢力への対応に取り組む必要があります。

1　反社会的勢力対応の流れ

1　反社会的勢力対応の法的義務化

(1)　政府指針の公表

　2007年（平成19年）6月19日、政府は、反社会的勢力を排除していくことが企業の社会的責任の観点から重要であり、反社会的勢力に資金提供を行わないことがコンプライアンスそのものであるとして、犯罪対策閣僚会議幹事会申合せ「企業が反社会的勢力による被害を防止するための指針」（いわゆる「政府指針」）を公表し、不当要求を断固拒絶し、反社会的勢力とは一切の関係を遮断するという

指針が示されました。

(2) 全国の暴力団排除に関する条例の制定

そして、2009年（平成21年）10月に福岡県で暴力団を排除するための条例が制定されたのを皮切りに、今では、すべての都道府県で暴力団排除に関する条例が制定・施行されています。

(3) 金融業界

金融機関については、金融庁が「主要行等向けの総合的な監督指針」をはじめ、「中小・地域金融機関向けの総合的な監督指針」等の業態ごとの監督指針や検査マニュアルを策定しています。

2 反社会的勢力との関係遮断のための内部統制システム構築

信用組合等の金融機関は、上記指針および暴力団排除条例等によって、暴力団等の反社会的勢力との関係を遮断する義務を負っています。

したがって、信用組合としては、業務の適正を確保するために必要な法令遵守・リスク管理事項として、反社会的勢力との関係遮断を内部統制システムに明確に位置付け、組織全体で対応することが必要になるのです。

2 反社会的勢力との関係におけるリスク

1 反社会的勢力の判断

反社会的勢力には、暴力団とその構成員等の警察から情報提供を

受けられる「ブラック」な者たちだけではなく、合法な企業を装って活発な経済取引を行っているフロント企業、暴力団に所属せずに犯罪行為を繰り返す「半グレ集団」、過度な要求を繰り返すハードクレーマー等、濃淡さまざまなグレーゾーンの者たちが存在します。

「反社会的勢力との関係を断つ」と言うだけなら簡単ですが、何をもって反社会的勢力とするかという判断が簡単ではないのです。

2 反社会的勢力と関係を断つリスク・継続するリスク

反社会的勢力との関係遮断のため、反社会的勢力ではない者を反社会的勢力であると認定して関係を解消した場合（反社会的勢力であることの疑いが強いにもかかわらず、それを立証できない場合）には、相手方からの債務不履行による損害賠償請求だけでなく、名誉毀損を理由にした損害賠償請求等を受けることもあり得ます（東京高判平成24・11・29金融・商事判例1410号8頁参照。会社の元代表取締役が、虚偽の事実（知人が代表を務める投資会社が反社会的勢力に関与しているとの情報があるため、会社に上場廃止の危険が生じている等）で不当に辞任させられたとして、会社等に損害賠償請求をした事案。請求自体は棄却されました）。

他方、調査が十分でなかったために反社会的勢力であることを見逃して関係を継続していた場合、あるいは、反社会的勢力だと知りつつ関係継続を放置した場合には、他の取引先等から取引を停止・解消されたり、報道等を通じて社会的信用を失うこともあり得ます。

信用組合が、反社会的勢力との関係遮断の努力を行っていない場合には、金融庁から業務改善命令を受けることになります（参考：2013年（平成25年）9月27日、金融庁は、みずほ銀行に対し、反社会的勢力への融資を放置していたとして業務改善命令を出していま

す）。

　また、信用保証協会から保証債務の履行を拒絶される場合もあります（大東京信用組合保証債務履行請求事件－最判平成28・1・12金融・商事判例1483号23頁〔④事件〕および同事件の差戻審－東京高判平成28・8・3金融・商事判例1500号16頁参照。当該事件では、差戻審において、信用組合には反社会的勢力であるかについての調査義務違反は認められないとして、信用保証協会の免責の主張は認められませんでした）。

3　反社会的勢力との関係遮断のための対応策

1　反社会的勢力の定義・範囲

(1)　反社会的勢力の定義・要件

　反社会的勢力とは、暴力・威力と詐欺的手法を駆使して経済的利益を追求する集団または個人のことをいいますが（政府指針）、一義的に定まるものではないので、信用組合としてどのような者を「反社会的勢力」とするか、その範囲を明確にしておかなければなりません。

　何をもって反社会的勢力とするかについては、事業者ごとに、その事業特性等を踏まえたリスクに応じた運用がなされることが許容されています（2014年（平成26年）6月4日公表の「『主要行等向けの総合的な監督指針』及び『金融検査マニュアル』等の一部改正(案)に対するパブリックコメントの結果等について」における金融庁の考え方No.1参照。以下「金融庁の考え方」といいます）。

反社会的勢力は、その所属団体などの属性だけで捉えることは困難なため、①属性要件と②行為要件の2段階で画するのが一般的です。具体的には次のとおりです。

① **属性要件**

以下のイからリのいずれかに該当すること。

　イ　暴力団

　その団体の構成員（その団体の構成団体の構成員を含む）が集団的にまたは常習的に暴力的不法行為等を行うことを助長するおそれがある団体をいいます（暴力団員による不当な行為の防止等に関する法律2条2号参照）。

　ロ　暴力団員

　暴力団の構成員をいいます（同法同条6号参照）。

　ハ　暴力団準構成員

　暴力団または暴力団員の一定の統制下にあって、暴力団の威力を背景に暴力的不法行為等を行うおそれがある者または暴力団もしくは暴力団員に対し、資金、武器等の供給を行うなど暴力団の維持もしくは運営に協力する者のうち暴力団員以外の者をいいます。

　ニ　暴力団関係企業

　暴力団員が実質的にその経営に関与している企業、準構成員・元暴力団員が実質的に経営する企業であって暴力団に資金提供を行うなど暴力団の維持・運営に積極的に協力し、もしくは関与する企業または業務の遂行等において積極的に暴力団を利用し暴力団の維持もしくは運営に関与している企業をいいます（いわゆる「フロント企業」）。

　ホ　総会屋等

　総会屋、会社ゴロ等企業等を対象に不正な利益を求めて暴力的不

法行為等を行うおそれがあり、市民生活の安全に脅威を与える者をいいます。

　ヘ　社会運動等標ぼうゴロ

　社会運動・政治活動を仮装し、または標ぼうして、不正な利益を求めて暴力的不法行為等を行うおそれがあり、市民生活の安全に脅威を与える者をいいます。

　ト　特殊知能暴力集団等

　上記イからヘ以外の者で、暴力団との関係を背景に、その威力を用い、または暴力団と資金的なつながりを有し、構造的な不正の中核となっている集団または個人をいいます。

　チ　共生者

　暴力団に資金を提供し、または暴力団から提供を受けた資金を運用した利益を暴力団に還元するなどして、暴力団の資金獲得活動に協力し、または関与するなど、暴力団と共生する集団または個人をいいます。共生者を次の5類型で規定する場合もあります。

　　a　暴力団員等が経営を支配していると認められる関係を有する者

　　b　暴力団員等が経営に実質的に関与していると認められる関係を有する者

　　c　自己、自社もしくは第三者の不正の利益を図る目的または第三者に損害を加える目的をもってするなど、不当に暴力団員等を利用していると認められる関係を有する者

　　d　暴力団員等に対して資金等を提供し、または便宜を供与するなどの関与をしていると認められる関係を有する者

　　e　役員または経営に実質的に関与している者が暴力団員等と社会的に非難されるべき関係を有する者

リ　その他これらに準ずる者

　反社会的勢力はその形態が多様であり、社会情勢等に応じて変化し得るため、あらかじめ限定的に基準を設けることはその性質上妥当でないと考えられています（「金融庁の考え方」参照）。そこで、上記イからチの類型に準ずる者も対象になることを明記しておきます。

② 行為要件

　自らまたは第三者を利用して次に該当する行為を行うこと。

　a　暴力的な要求行為

　b　法的な責任を超えた不当な要求行為

　c　取引に関して、脅迫的な言動をし、または暴力を用いる行為

　d　風説を流布し、偽計を用いまたは威力を用いて信用を毀損し、または業務を妨害する行為

　e　その他これらに準ずる行為

(2) 信用組合として取引をすべきではないと考える属性を有する者

　信用組合は、上記1(1)①の属性要件に加えて、「反社会的勢力」と捉えるべきものをその要件に定義しておくことができます。

① 元暴力団員

　暴力団員を辞めた者であっても、これまでの人間関係等がただちに希釈化されるわけではないため、暴力団員を辞めて一定期間が経過していない者は、一般的に、反社会的勢力に準じて関係を排除しておくべき対象となり得ます。

　たとえば、暴力団員でなくなった日から5年を経過しない者は、貸金業の登録拒否事由（貸金業法6条1項6号）など、一定の業法における許認可を付与しない要件として定められています。

また、金融機関が作成する誓約書でも、「暴力団員でなくなった日から5年を経過しない者」は、反社会的勢力の属性要件に掲げられています。

　元暴力団員を反社会的勢力の属性要件に定義する場合には、この5年が1つの目安になるでしょう。

② 犯罪者

　一般的には、犯罪者であることのみをもって、ただちに反社会的勢力に該当するわけではありませんが、信用組合の事業特性等を踏まて、一定の犯罪に該当する行為をした者を反社会的勢力の属性要件に定義付けて排除することは考えられます。

2　取引の未然防止

(1)　実務対応の現状

　現在では、ほぼすべての金融機関が以下のような対策をとり、反社会的勢力との取引の未然防止に力を注いでいます。

　　a　新規口座開設の前には、顧客から反社会的勢力に該当しない旨の誓約書を差し入れさせる
　　b　取引約款に暴力団排除条項（暴排条項）を盛り込む
　　c　警察庁、都道府県警および暴力追放運動推進センター等から得られる情報、自前の反社会的勢力データベース等によるフィルタリングを行い、該当可能性のある者の新規取引を断る

(2)　事前チェックの重要性

　「金融庁の考え方」No. 77では、「金融機関において契約当事者が反社会的勢力に該当するとの疑いを認知したものの、警察から当

該契約当事者が反社会的勢力に該当する旨の情報提供が得られず、かつ、他に当該契約当事者が反社会的勢力に該当すると断定するに足りる情報を入手し得なかった場合に、期限の利益の喪失等の特段の措置を講じないことは必ずしも利益供与となるものではなく、また、必ずしも金融機関の業務の適切性が害されていると評価されるものではないと解されるが、そのような理解でよいか。」とのコメントに対し、「ご指摘の場合は、様々な手段を尽くしたものの反社会的勢力であると判断できなかった場合と理解されます（以下、略）」との回答をしています。

　すなわち、信用組合としては、単に、警察等からの情報で反社会的勢力に該当する旨の回答が得られなかったから特段の対応をしなかったというのでは足りず、「様々な手段を尽くしたものの反社会的勢力であると判断できなかった」と合理的に説明できるだけの調査を尽くさなければなりません。

　そのための労力等も踏まえれば、反社会的勢力との関係による被害を予防するための最大の措置は、新規に取引を開始しないことに勝る方策はないでしょう。

　また、事前の調査が十分ではなかった場合には、信用保証協会から保証債務の免責を主張され、履行を拒絶される場合があります（大東京信用組合保証債務履行請求事件－最判平成28・1・12金融・商事判例1483号23頁〔④事件〕および同事件の差戻審－東京高判平成28・8・3金融・商事判例1500号16頁参照。当該事件では、差戻審において、信用組合には反社会的勢力であるかについての調査義務違反は認められないとして、信用保証協会の免責の主張は認められませんでした）。

　そこで、信用組合としては、新規取引の開始前のチェックの徹底、

そのための反社会的勢力データベースの構築・充実化、そして、データベース登録情報の収集強化に力を注ぐ必要があります。

(3) 取引未然防止のための体制整備

① 暴力団排除条項（以下「暴排条項」といいます）

イ　暴排条項の導入

反社会的勢力関係排除のためには、なるべく多くの取引・契約に（口座の新規開設や企業間取引だけではなく、職員の雇用契約にも）暴排条項を導入し、事前チェックの対象とするべきでしょう。

ロ　暴排条項の効果

暴排条項には、以下のような効果まで明記しておく必要があります。

a　口座の解約、契約の解除等ができる旨

b　信用組合は、当該規定による解約・解除によって生じた損害の責任を負わない旨

c　当該規定による解約・解除によって信用組合に損害が生じたときは、その損害賠償義務を負う旨

② 反社会的勢力データベースの構築、専従部門の創設等

イ　データベースの構築

金融業界では、業界全体の反社会的勢力データベースのほかに、警察庁データベースとの接続、他の業界団体との連携等に向けた取組みも進められていますが、信用組合ごとにリスクに応じた運用を行うため、自前のデータベースの構築・充実化も進めておくことが重要です。

データベース構築のための情報収集元には、新聞、経済誌、その他の雑誌記事の検索、インターネット情報、警察の暴力団検挙情報、

捜査関係事項照会、警察や暴力追放運動推進センターから個別に得た情報、公益社団法人警視庁管内特殊暴力防止対策連合会から得た情報、行政による指名停止措置等の公表情報、役職員が業務を行う中で見聞きした情報、調査会社の報告等が有用です。

なお、福岡県警WEBサイトでは、暴力団員検挙速報として、罪名・逮捕日・逮捕警察署・被疑者の住居・所属暴力団・容疑の内容等が1週間に限り、実名で公表されています（「福岡県警　暴力団員検挙速報」で検索）。

ロ　データベース構築のための社内体制

データベース構築等の対策を行うために、反社会的勢力対応部署を置き、専従の職員を配置することも有用です。常時、上記の情報元から情報収集を行いデータベースを充実化したり、対応マニュアルの整備や継続的な研修活動、警察・暴力追放運動推進センター・弁護士等の外部専門機関と平素から緊密な連携体制の構築を行うなどの取組みを担うことが考えられます。

特に、日常より警察とのパイプを強化し、組織的な連絡体制と問題発生時の協力体制を構築することにより、脅迫・暴力行為の危険性が高く緊急を要する場合にはただちに警察に通報することができるようになることなどが期待できます（東京高判平成28・4・14金融・商事判例1491号8頁参照）。

ハ　データベース登録情報の留意点

反社会的勢力との取引の未然防止という観点からは、少しでも疑わしいものは、グレーの濃淡にかかわらず反社会的勢力のデータベースに登録をしていく対応につながりやすくなります。

しかし一方で、信用組合には、反社会的勢力との関係遮断の義務がありますから、自らデータベースに登録した以上は、その取引先

との関係解消に取り組まなければなりません。自ら反社会的勢力と認定している相手方となれば、「さまざまな手段を尽くしたものの反社会的勢力であると判断できなかった」という主張は通りません。

　何をもって反社会的勢力とするかについては、事業者ごとに、その事業特性等を踏まえたリスクに応じた運用がなされることが許容されていることの裏返しとして、安易に反社会的勢力として登録してしまうことのリスクを十分注意しておくべきだと思います（「金融庁の考え方」No.1参照）。

　なお、前述の2013年（平成25年）9月27日のみずほ銀行への業務改善命令の件では、みずほ銀行がオリエントコーポレーションを保証会社として行っていた販売提携ローンのうち228件が、みずほフィナンシャルグループの反社会的勢力の基準に該当していたとのことです（2013年（平成25年）10月28日付「提携ローン業務適正化に関する特別調査委員会の調査報告書」）。

③　反社会的勢力データベース構築等に関しての個人情報の保護に関する法律（以下「個人情報保護法」といいます）上の留意点
　　イ　情報取得の場面
　「本人の人種、信条、社会的身分、病歴、犯罪の経歴、犯罪により害を被った事実」（個人情報保護法2条3項）、「本人を被疑者又は被告人として、逮捕、捜索、差押え、勾留、公訴の提起その他の刑事事件に関する手続が行われたこと」、「本人を少年法第3条第1項に規定する少年又はその疑いのある者として、調査、観護の措置、審判、保護処分その他の少年の保護事件に関する手続が行われたこと。」（個人情報保護法施行令2条4号・5号）は個人情報保護法上の「要配慮個人情報」に該当します。

　この要配慮個人情報の取得には、あらかじめ本人の同意を得るこ

とが原則となっていますが、「人の生命、身体又は財産の保護のために必要がある場合であって、本人の同意を得ることが困難であるとき」には、本人の同意なく取得することができます（個人情報保護法17条2項）。

そして、「事業者間において、不正対策等のために、暴力団等の反社会的勢力情報、意図的に業務妨害を行う者の情報のうち、過去に業務妨害罪で逮捕された事実等の情報について共有する場合」はこの例外規定に含まれることになりますから、このような場合には、信用組合は、本人の同意なく反社情報を取得することができます（個人情報保護法ガイドライン（通則編）3－3－2（2）参照）。

　ロ　情報の利用の場面

個人情報取扱事業者である信用組合は、あらかじめ個人情報の利用目的をできる限り特定しなければならず（個人情報保護法15条1項）、あらかじめ本人の同意を得ないで利用目的の達成に必要な範囲を超えて個人情報を取り扱うことが原則禁止されています（同法16条1項）。

ただし「人の生命、身体又は財産の保護のために必要がある場合であって、本人の同意を得ることが困難であるとき」には、目的外であっても個人情報を取り扱うことが認められています（同法16条3項2号）。

「事業者間において、暴力団等の反社会的勢力情報、振り込め詐欺に利用された口座に関する情報、意図的に業務妨害を行う者の情報について共有する場合」はこの例外規定に含まれることになりますから、信用組合は、このような場合にも反社情報を取り扱うことができます（個人情報保護法ガイドライン（通則編）3－1－5（2））。

第7章 その他の重要事項

ハ 情報の共有・開示の場面

信用組合は、反社情報を同業者で共有する、暴力追放運動推進センターに提供する等、反社情報を第三者提供することについても、上記の利用目的外の取扱いの場面と同様に、「人の生命、身体又は財産の保護のために必要がある場合であって、本人の同意を得ることが困難であるとき」として、本人の同意なく反社情報を第三者提供することができます（個人情報保護法23条1項2号、個人情報保護法ガイドライン（通則編）3－4－1・3－1－5（2））。

ニ 本人からの開示等請求の場面

本人は、個人情報取扱事業者に対して、当該本人が識別される保有個人データの開示を請求すること等ができます（個人情報保護法28条以下）。

しかしながら、「暴力団等の反社会的勢力による不当要求の被害等を防止するために事業者が保有している、当該反社会的勢力に該当する人物を本人とする個人データ」は、「当該個人データの存否が明らかになることにより、違法又は不当な行為を助長し、又は誘発するおそれがあるもの」に当たるため、保有個人データには該当しないとされています（個人情報保護法2条7項、個人情報保護法施行令4条2号、個人情報保護法ガイドライン（通則編）2－7（2））。

したがって、反社会的勢力に該当する者から開示等の請求がなされたとしても、信用組合としては、「保有個人データが存在しない」と回答することで開示請求を拒否することができると解されます。

④ **取引開始の拒絶**

イ 取引拒絶の理由

取引候補者が反社会的勢力に該当する場合には、新規取引を拒絶します。その際、理由は告げる必要はありません。反社会的勢力に

該当しているためとの理由を告げることは、名誉毀損の損害賠償請求等のリスクしか生みません。

「総合的に判断した結果」あるいは「当組合の内規に基づいて取引ができない」旨を告げ、相手から具体的な理由を言うよう求められても、繰り返し同じ理由だけを告げるようにします。

ロ　取引拒絶事案における裁判所の判断

この点について、銀行から口座開設を拒絶された者が、銀行に対して、普通預金口座の開設申込を合理的理由もなく拒絶してはならない義務があるにもかかわらず拒絶したとして損害賠償を求めた事案があります（東京地判平成26・12・16金融法務事情2011号108頁参照）。

しかし、銀行に口座開設申込に対する承諾義務はないとして、かかる請求は棄却されています。そこで判示された事項には、「被告は、本件口座開設申込を拒否した理由について、総合的に判断した結果である旨回答しており……（中略）……原告が、当時、既に他の支店に普通預金口座を有していたことを考慮すると、被告が、原告の父が過去に政治団体に所属していたという事実をもって、本件口座開設申込を拒否したと認めることはできず、他にこれを認めるに足りる的確な証拠はない。」とあります。

このことからも、新規取引を拒絶する場合には、具体的な理由を述べないほうがよいということがいえます。

3　事後チェックと内部管理

(1)　取引開始後に反社会的勢力と判明した場合

取引未然防止のための体制を整備しても、すでに反社会的勢力が

口座を開設していたり、フィルタリングにかからずに取引を開始してしまうことも皆無ではありません。

そのような場合には、いったん取引を始めてしまった相手との関係を解消するための方策を検討しなければなりません。

なお、口座開設後に追加された暴排条項を理由に三井住友銀行とみずほ銀行が指定暴力団の構成員の口座を解約した事例で、その元顧客の構成員2人が当該口座解約の無効確認を求めた事件がありましたが、裁判所はこれを有効と判断しました（福岡地判平成28・3・4金融・商事判例1490号44頁、福岡高判平成28・10・4金融・商事判例1504号24頁参照、上告棄却で確定）。

(2) 取引解消のための体制整備

反社会的勢力と取引を開始してしまった場合には、取引解消等の対応をとらなければなりません。速やかな対応がとれるよう、以下のような体制整備が必要になります。

a 反社会的勢力の該当性が判明した旨や不当要求のあった旨の情報を反社会的勢力対応部署へ報告・相談する体制の構築

b 反社会的勢力対応部署における担当者の安全の確保とそのための担当部署を支援する体制整備

c 反社会的勢力データベースの更新・取引先の事情変動によるスクリーニング、内部監査、外部からの情報提供等を受けられる体制整備

d 取引先が反社会的勢力に該当する疑いがある場合には、信用組合役員への報告、取引先の訪問、取引の実態、取引の経緯・原因の解明その他の事実調査を行う体制整備

4 反社会的勢力との取引発覚後の事後対応

(1) 反社会的勢力との取引が判明した場合

反社会的勢力との取引が判明した場合には、次の対応が必要です。

① **速やかな取引関係の解消**

後記(2)「取引関係の解消等」のとおり、速やかに取引関係を解消するか、それができない場合には取引先を監視対象とするといった対応が必要です。

② **原因の究明・調査委員会設置の検討**

取引開始の経緯、事後的にしか反社会的勢力であることを把握できなかった原因等を究明します。取引関係を解消できない場合にはその合理的な説明も必要になります。

また、公正な原因究明と信頼回復のために調査委員会（第三者委員会）を設置するべきかを検討します。

③ **再発防止策の策定等**

反社会的勢力との関わりの原因等から再発防止策を策定します。万一、役員等との癒着が発覚した場合には、その責任追及等も行います。

④ **公表の要否**

発覚の経緯、社会的関心の程度等によっては公表が必要な場合もあります。

(2) 取引関係の解消等

① **強制的な取引関係の解消**

警察情報等によって、取引先が反社会的勢力に該当することが立

証可能な場合には、暴排条項の適用あるいは錯誤無効（民法95条。反社会的勢力に該当することを知っていたら契約をしなかったのだから、当該契約は無効だという主張）等によって取引契約の解除あるいは無効主張を行います。

　なお、前述した預金契約締結後に取引約款に追加された暴排条項を遡及適用して預金契約を解約した事案において、福岡地裁平成28年3月4日判決（金融・商事判例1490号44頁）およびその控訴審である福岡高裁平成28年10月4日判決（金融・商事判例1504号24頁）はこれを有効としています（最決平成29・7・11（公刊物未掲載）により上告棄却で確定）。

② **上記以外の取引関係の解消**

　取引先が任意に合意解約に応じる場合もなくはありません。

　あるいは、契約期間の満了等のタイミングで、更新や再契約を行わない、その他の条項（債務不履行等）を理由に解除するといった方法もあり得ます。

　取引先が反社会的勢力に該当することを明示して取引関係の解消を行うことは、取引先から名誉毀損による損害賠償請求を受けるおそれもあるため、反社会的勢力の該当性以外の理由で取引関係を解消できる場合には、その方法を選択するほうが穏当です。

Ⅱ 信用組合子会社に対する監督責任

1 子会社のリスク管理・不祥事防止体制の整備

　近時、子会社における不祥事発生という事案が相次いでいますが、子会社を有する信用組合は、グループ全体の業務の適正を確保するために必要な法令遵守・リスク管理事項として、子会社のリスク管理・不祥事防止のための体制についても整備をしておく必要があります（信用組合が保有できる子会社は、協金法4条の2、協金法施行規則4条）。

2 理事の子会社に対する監督責任

　理事は、理事会構成メンバーとして、信用組合の重要な業務執行の決定等を行うのが職務であり、子会社の業務執行の決定・執行行為のほうは、子会社の取締役等が行います。したがって、従来の考え方からすれば、理事には子会社の監督責任はないと理解されていました（野村證券事件－東京地判平成13・1・25金融・商事判例1141号57頁参照）。

　しかし、福岡魚市場株主代表訴訟事件では、代表取締役等に対し、

完全子会社の不適切な在庫処理について適切な調査等を怠ったという善管注意義務・忠実義務違反が認定されていますので、今後は、理事が子会社に対する監督義務を負うという判断がなされる可能性があります（最判平成26・1・30金融・商事判例1439号32頁参照）。

もっとも、本件では、親会社の代表取締役自身も不適切な在庫処理の当事者として関与しており、また、完全子会社の非常勤役員を兼務していたという特殊事情があるため、この判決からただちに、裁判所が親会社役員の子会社に対する監督義務一般を肯定しているとまでいえるのかどうか明らかではありません。

理事としては、少なくとも、子会社の異常な業務状況がうかがわれる場合や異常な状態を把握した場合には、信用組合の理事会を通じて、子会社取締役等に働きかけて業務の状況を調査する等、具体的な対応をとるべきでしょう。

子会社従業員からの相談への親会社の対応について、信義則上の義務違反はないとした事例があります（最判平成30・2・15事件番号平成28年（受）2076号。親会社が、自社および子会社等のグループ会社における法令遵守体制を整備し、コンプライアンス相談窓口を設け、相談窓口制度の周知・利用促進や現に相談への対応を行っていた場合において、子会社の従業員による相談の申出（他の従業員からのつきまとい行為などの事実確認等の対応）の際に求められた対応をしなかったことをもって、信義則上の義務違反があったとはいえないとした事例）。

Column　信用組合の組合員の子法人役員に対する責任追及

2014年（平成26年）会社法改正により、親会社株主が一定の場

合に、子会社の役員の責任追及等の訴えを提起できるようになりました（会社法847条の3）。

　しかし、中企法は、この会社法847条の3を準用していませんので（中企法39条）、組合員が信用組合の子会社役員の責任追及等の訴えを提起する手段はありません。もっとも、信用組合役員の子会社に対する監視義務違反が認められることがあるとすれば、組合員は、従来の組合員代表訴訟によって信用組合役員の責任追及を行うということとなります。

Ⅲ 決算スケジュール等

1 決算後に行わなければならない計算書類等の作成等

1　計算書類等の作成

　信用組合は、内閣府令（協金法施行規則15条）で定めるところにより、各事業年度に係る計算書類（貸借対照表、損益計算書、剰余金処分案または損失処理案その他信用組合の財産および損益の状況を示すために必要かつ適当なものとして内閣府令で定めるものをいいます）および事業報告ならびにこれらの参考になるように作成される附属明細書を作成しなければなりません（協金法5条の7第1項）。

2　計算書類等の監査（特定信用組合以外の信用組合）

　作成した計算関係書類および事業報告ならびにこれらの附属明細書は、内閣府令（協金法施行規則20条～24条）で定めるところにより、監事の監査を受けなければなりません（協金法5条の7第3項）。

(1) **監事監査報告の内容**

① 事業報告書の監事監査報告は、次の事項を内容とします（協金法施行規則20条）。

 a 監事の監査の方法およびその内容

 b 事業報告、その附属明細書が法令・定款に従い、信用組合の状況を正しく示しているかどうかについての意見

 c 信用組合の理事の職務の遂行に関し、不正行為や法令定款に違反する重大な事実があったときはその事実

 d 監査のため必要な調査ができなかったときは、その旨とその理由

 e 監査報告を作成した日

② 計算関係書類の監事監査報告は、次の事項を内容とします（同規則23条）

 a 監事の監査の方法およびその内容

 b 計算関係書類が信用組合の財産・損益の状況をすべての重要な点において適正に表示しているかどうかについての意見

 c 監査のため必要な調査ができなかったときは、その旨とその理由

 d 追記情報（会計方針の変更、重要な偶発事象、重要な後発事象のうち、監事の判断に関して説明を付す必要がある事項または計算関係書類の内容のうち強調する必要がある事項）

 e 監査報告を作成した日

(2) **監査を受けたとされる日**

計算関係書類、事業報告およびその附属明細書の監査は、監事監

査報告の内容の通知を特定理事が受けた日に監査を受けたものとされます（協金法施行規則21条2項・24条2項）。

もし、下記の通知期限までに特定監事が当該通知をしない場合には、その通知をすべき日に事業報告の監査を受けたものとみなされます（同規則21条3項・24条3項）。

監事監査報告の通知期限（特定信用組合以外の信用組合）

特定監事は、事業報告およびその附属明細書／計算書類およびその附属明細書の監査報告の内容を、次のaからcのいずれか遅い日までに特定理事に通知しなければなりません（協金法施行規則21条1項・24条1項）。

a　事業報告／計算書類の全部を受領した日から4週間を経過した日

b　事業報告の附属明細書／計算書類の附属明細書を受領した日から1週間を経過した日

c　特定理事および特定監事の間の合意で定めた日

Column　　　特定理事と特定監事

「特定理事」とは、各監査報告の内容の通知を受ける者として定められた理事（当該定めがない場合は、当該監査を受けるべき各書類の作成に関する職務を行った理事）をいいます（協金法施行規則21条4項・24条4項・26条4項）。

「特定監事」とは、各監査報告の内容を通知すべき者として定められた監事（特定信用組合の会計監査報告については、その内容の通知を受ける監事として定められた監事。これらの定めがない場合には、すべての監事）をいいます（同規則21条5項・24条5項・26条5項）。

3 特定信用組合の場合の計算書類等の監査

(1) 特定信用組合監事および会計監査人の監査

特定信用組合の場合も、前記2同様、作成した計算書類および事業報告ならびにこれらの附属明細書は、内閣府令(協金法施行規則20条～22条・25条・28条・31条)で定めるところにより、監事の監査を受けなければなりません(協金法5条の7第3項)。また、特定信用組合の計算書類およびその附属明細書については、会計監査人の監査も受けなければなりません(同法5条の8第3項、協金法施行規則26条・27条)。

したがって、特定信用組合の計算書類を作成した理事は、会計監査人と監事に計算書類を提供する義務を負います(同規則25条1項)。

(2) 監査報告の内容

① 事業報告の監事監査報告

事業報告およびこれらの附属明細書の監事監査は、特定信用組合以外の信用組合の場合と同じです。

② 計算関係書類の会計監査報告

会計監査人が作成する計算書類の会計監査報告は、次の事項を内容とします(協金法施行規則25条2項・3項)。

　イ　会計監査報告
　ロ　計算関係書類が信用組合の財産・損益の状況をすべての重要な点において適正に表示しているかどうかについての意見
　・『無限定適正意見』　監査の対象となった計算関係書類が除外事項を除き、一般に公正妥当と認められる会計の慣行に準拠して、当該計算関係書類に係る期間の財産および損益の状況をすべて

の重要な点において適正に表示していると認められる旨
- 『限定付適正意見』 監査の対象となった計算関係書類が一般に公正妥当と認められる会計の慣行に準拠して、当該計算関係書類に係る期間の財産および損益の状況をすべての重要な点において適正に表示していると認められる旨および除外事項
- 『不適正意見』 監査の対象となった計算関係書類が不適正である旨およびその理由

ハ　上記ロの意見がないときは、その旨およびその理由

ニ　追記情報（継続企業の前提に関する注記に係る事項、会計方針の変更、重要な偶発事象、重要な後発事象のうち、会計監査人の判断に関して説明を付す必要がある事項または計算関係書類の内容のうち強調する必要がある事項）

ホ　会計監査報告を作成した日

③ **計算関係書類の監事監査報告の内容**

計算関係書類と会計監査報告を受領した監事が作成する監事監査報告は、次の事項を内容とします（協金法施行規則25条4項）。

a　監事の監査の方法およびその内容

b　会計監査人の監査の方法または結果を相当でないと認めたときは、その旨およびその理由（同規則26条3項により会計監査人の監査を受けたとみなされたときは、会計監査報告を受領していない旨）

c　会計監査報告の内容となっているもの以外の重要な後発事象

d　会計監査人の職務の遂行が適正に実施されることを確保するための体制に関する事項

e　監査のため必要な調査ができなかったときは、その旨およびその理由

  f 監査報告を作成した日
④ **監査を受けたとされる日**
 計算関係書類は、会計監査報告の内容の通知を特定監事および特定理事が受けた日に会計監査人の監査を受けたものとされます（同規則26条2項）。また、下記の通知期限までに会計監査人が当該通知をしない場合には、その通知をすべき日に計算関係書類の会計監査を受けたものとみなされます（同規則26条3項）。

会計監査報告の通知期限等

 会計監査人は、計算書類およびその附属明細書について、次のaからcのいずれか遅い日までに特定監事および特定理事に対して、監査報告の内容を通知しなければなりません（協金法施行規則26条1項）。
a 計算書類の全部を受領した日から4週間を経過した日
b 計算書類の附属明細書を受領した日から1週間を経過した日
c 特定理事、特定監事および会計監査人の間の合意で定めた日
 また、会計監査人はその通知に際して、特定監事に対して会計監査人についての次の事項についても通知することを要します（ただし、すべての監事がすでに当該事項を知っている場合を除きます。同規則27条）。
・ 独立性に関する事項その他監査に関する法令および規程の遵守に関する事項
・ 監査、監査に準ずる業務およびこれらに関する業務の契約の受任および継続の方針に関する事項
・ 会計監査人の職務の遂行が適正に行われることを確保するための体制に関するその他の事項

 また、計算関係書類は、監査報告の内容の通知を特定理事および

会計監査人が受けた日に監事の監査を受けたものとされます（同規則28条2項）。下記の通知期限までに特定監事が当該通知をしない場合には、その通知をすべき日に計算関係書類の監事監査を受けたものとみなされます（同条3項）。

> **計算関係書類の監事監査報告の通知期限**
>
> 　特定監事は、次のa・bのいずれか遅い日までに特定理事および会計監査人に対して、監査報告の内容を通知しなければなりません（協金法施行規則28条1項）。
> a　会計監査報告を受領した日（または会計監査を受けたとみなされた日）から1週間を経過した日
> b　特定理事および特定監事の間の合意で定めた日

4　計算書類等の理事会承認、総（代）会招集通知時の提供

　信用組合は、これらの監査を受けた計算書類および事業報告ならびにこれらの附属明細書について理事会の承認を受けたうえで（協金法5条の7第4項・5条の8第4項・11項）、通常総（代）会の招集通知の際に、計算書類および事業報告（監査報告）を組合員（総代）に対して提供します（協金法5条の7第5項・5条の8第5項・11項、中企法55条6項）。

5　理事の計算書類等の総（代）会への提出等義務

　理事は、理事会において承認を受けた計算書類および事業報告を通常総（代）会に提出し、または提供しなければならない義務を負います（協金法5条の7第6項・5条の8第6項・11項）。

6 計算書類等の総(代)会での承認・報告義務

　総(代)会に提出された計算書類は、総(代)会の承認を受けなければならないのが原則です（協金法5条の7第7項・5条の8第7項・11項、中企法55条6項）。もっとも、特定信用組合において、計算書類（剰余金処分案または損失処理案を除きます）が法令および定款に従い特定信用組合の財産および損益の状況を正しく表示しているものとして次の要件に該当する場合には、当該計算書類については、総(代)会の承認を要しません。この場合においては、理事は、当該計算書類の内容を通常総(代)会で報告すれば足りることになります（協金法5条の8第9項・11項、協金法施行規則31条）。
① 会計監査報告において無限定適正意見が表明されていること
② 会計監査報告にかかる監事の監査報告の内容として、会計監査人の監査の方法または結果を相当でないと認める意見がないこと
③ 監事が監査報告の内容を通知しないことによって監事の監査を受けたものとみなされた計算書類ではないこと（同規則28条3項参照）

7 事業報告の内容の総(代)会での報告義務

　理事は、総(代)会に提出された業務報告の内容を通常総(代)会において報告しなければなりません（協金法5条の7第8項・5条の8第8項・11項、中企法55条6項）。

8 会計監査人の意見陳述権

　会計監査人（会計監査人が監査法人である場合には、その職務を行うべき社員）は、計算書類およびその附属明細書が法令または定

款に適合するかどうかについて監事と意見を異にするときは、通常総(代)会に出席して意見を述べることができます（協金法5条の8第10項、中企法55条6項）。

9 計算書類等の備置き義務

各事業年度に係る計算書類および事業報告ならびにこれらの附属明細書（監事等の監査報告を含みます）は、主たる事業所において通常総(代)会の日の2週間前の日から5年間、従たる事業所においてはこれらの写しを通常総(代)会の日の2週間前の日から3年間備え置かなければなりません（協金法5条の7第9項・10項）。ただし、議事録等が電磁的記録により作成されている場合には、従たる事務所で利用するパソコン等に議事録をダウンロードできる状態になっていれば、従たる事務所での備置き義務を果たしていることになります（協金法施行規則18条）。

10 計算書類等の閲覧請求に応ずる義務

信用組合は、組合員および債権者から信用組合の業務取扱時間内において、次の請求を受けたときには、いつでも応じなければなりません（協金法5条の7第11項）。ただし、bまたはdについては費用を定めることで、当該請求者に費用を請求することができます（同項ただし書）。

a　計算書類等またはその写しの閲覧の請求
b　計算書類等の謄本または抄本の交付の請求
c　電磁的記録で作成された計算書類等の紙面や映像面での表示による閲覧の請求（協金法施行規則17条）
d　上記cの事項を記載した書面の交付等の請求（同規則19条）

2　具体的な決算スケジュール

　協金法および同規則では、計算書類等の作成から備置きに至るまで、監査報告の通知期限や備置き期間等、一定期間になすべきことが定められています。

　そのため、理事、監事および会計監査人は、各期限を把握したうえで、決算スケジュールを組み、法定の期限を遵守することが必要です。

　そこで、決算スケジュールにおける各期限を図示すると次のとおりとなります。

　具体的に、3月31日期末（協金法5条）の特定信用組合（総代会設置、「通常総代会は毎事業年度終了後3月以内に招集する」旨の定款の定めあり）を例とした日程は次のとおりとなります。

※特定信用組合の場合

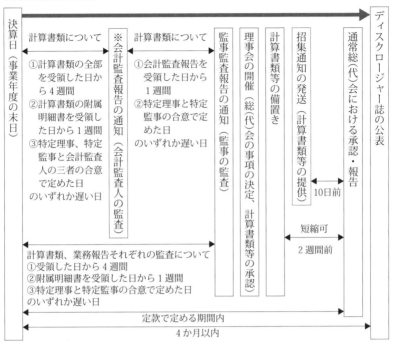

日程例（【】は法定期限）	実施内容	根拠条文等
3.31	決算日（事業年度末尾）	協金法5条
4.23	計算書類・事業報告の提供 ・事業報告を監事が受領。 ・理事が計算書類を監事および会計監査人に提供。	協金法5条の7第3項・5条の8第3項、協金法施行規則20条1項・25条1項・2項
5.14	附属明細書の提供 ・事業報告の附属明細書を監事が受領。 ・理事が計算書類の附属明細書を監事および会計監査人に提供。	

	※附属明細書は、計算書類・事業報告と同時に提出しても構わない。計算書類・事業報告およびその附属明細書を監事・会計監査人に提供することについて、事前に理事会の承認を得ることが望ましい。	
5.24 【計算書類およびその附属明細書の会計監査報告の内容の通知は、次のいずれか遅い日　5／24期限 ①計算書類の全部を受領した日から4週間を経過した日　⇒5／22 ②附属明細書を受領した日から1週間を経過した日　⇒5／22 ③特定理事、特定監事および会計監査人の間で合意した日（今回は5／24と合意していたとする）】	**会計監査人の監査** ・会計監査人が計算書類およびこれらの附属明細書に係る会計監査報告を作成し、その内容を特定監事および特定理事に通知。 ・会計監査人の監査は、この通知を受けた日に受けたものとする。	協金法施行規則25条2項・26条1項・2項
5.28	**監事会開催** 　計算書類、事業報告、これらの附属明細書および会計監査の内容を判断。	協金法施行規則20条・25条4項

	監査報告の作成。	
6.1 【事業報告およびその附属明細書の監査報告の内容の通知は、次のいずれか遅い日 6／1期限 ①事業報告を受領した日から4週間を経過した日 ⇒5／22 ②附属明細書を受領した日から1週間を経過した日 ⇒5／22 ③特定理事と特定監事の間で合意した日（今回は期限を6／1と合意していたとする）】 【計算書類およびその附属明細書の監査報告の内容の通知は、次のいずれか遅い日 6／1期限 ①会計監査報告を受領した日から1週間を経過した日 ⇒6／1 ②特定理事と特定監事の間で合意した日（今回は期限を6／1と合意していたとする）	**監事の監査** ・特定監事が事業報告およびその附属明細書に係る監査報告の内容を特定監事に通知。 ・特定監事が計算書類およびその附属明細書に係る監査報告の内容を特定理事および会計監査人に通知。 ・監事の監査は、これらの通知を受けた日に受けたものとされる。 ※監査報告は、a事業報告およびその附属明細書に係るものと、b計算書類およびその附属明細書に係るものの2つを作成しなければならない。両者を別個に作成することも認められるが、両者は相互に密接に関連し、共通性も多いので、一体化して作成されるケースがほとんどであると考えられる。	協金法施行規則21条1項・2項・28条1項・2項

6.8 ※監査を受けた後で、かつ計算書類等を備え置きしなければならない日（6／13）よりも前の時期	理事会の開催 ・通常総代会の招集に関する事項の決議。 ・前事業年度に係る計算書類、事業報告、これらの附属明細書の承認。	中企法49条2項、協金法5条の8第4項
6.13 【総代会の日の2週間前の日】	計算書類等の備え置き ・前事業年度に係る計算書類、事業報告、これらの附属明細書、監事・会計監査人の監査報告の備置き開始。	協金法5条の7第9項・10項
6.17 【総代会の会日の10日まで】 （定款で短縮可）	通常総代会招集手続 ・定款の定めに従って総代に会議の目的を示す。ただし、組合員に書面で通知する場合、発出さえしていれば足りる。 ・総代への計算書類および事業報告（監査報告）の提供。	中企法49条1項・50条・55条6項、協金法5条の8第5項
6.28	通常総代会開催 ・理事の計算書類および「事業報告の提出・提供。 ・計算書類の報告（承認）。 ・事業報告の報告。	中企法46条・55条6項、協金法5条の8第6項〜9項 開催時期は定款の定め。

第7章　その他の重要事項

7.27 【事業年度経過後4か月以内】	ディスクロージャー誌の公表	協金法6条、協金法施行規則69条・71条
3年後の6.13まで 【総代会の日の2週間前の日から3年間】	従たる事務所における計算書類等の写しの備置期間満了日。	協金法5条の7第10項、協金法施行規則18条
5年後の6.13まで 【総代会の日の2週間前の日から5年間】	主たる事務所における計算書類等の備置期間満了日。	協金法5条の7第9項

> **Column　　日数の数え方**
>
> 　決算スケジュールについて、「理事、監事および会計監査人は、各期限を把握したうえで、決算スケジュールを組み、法定の期限を遵守することが必要です。」と述べましたが、協金法には期間の計算についての定めはありません。
> 　そこで、法の原則に則って、民法の規定（138条〜143条）が適用されることになります。
> 　日、週、月または年によって定められた期間は、午前零時から始まるときを除いて、初日を算入しないのが原則です（民法140条）。
> 　たとえば、総代会を6月28日に開催したい場合、招集通知は会日の10日前までには発送していなければなりません（中企法）。6月28日を起算日として初日を算入しないので6月27日から10日間さかのぼります（6月18日になります）。この6月18日の時点

で、既に通知が発出されていないといけないので、総代会の招集通知の発送期限は6月17日ということになります。

　すなわち、通知の発信日と会日を算入せずに、間に10日間以上の期間が空いている必要があるということになります（大判昭和10・7・15民集14巻1401頁参照）。

◆判例索引◆

大判大正9・2・20民録26輯184頁……36, 105
大判昭和10・7・15民集14巻1401頁……284
最判昭和38・12・6民集17巻12号1664頁……36, 104
最判昭和41・12・20民集20巻10号2160頁……74
最判昭和44・3・28民集23巻3号645頁……73
最判昭和45・6・24民集24巻6号625頁……25
東京高判昭和46・7・14金融・商事判例279号15頁……106
最判昭和48・5・22民集27巻5号655頁……39, 40, 157
最判昭和49・12・17民集28巻10号2059頁……165, 229
最判昭和50・12・25金融法務事情780号33頁……36, 105
東京地判昭和57・2・24判例タイムズ474号138頁……36, 104
最判昭和58・5・22民集27巻5号655頁……102
東京高判昭和59・11・13金融・商事判例714号6頁……62, 75
東京高決昭和60・1・25金融・商事判例716号3頁……59
東京地判昭和61・2・18金融・商事判例754号31頁……157, 242
最判平成元・9・19金融・商事判例850号12頁……28, 30
最判平成6・1・20民集48巻1号1頁……100
東京高判平成8・2・8資料版商事法務151号142頁……74, 106, 116
最判平成12・7・7民集54巻6号1767頁……153
大阪地判平成12・9・20金融・商事判例1101号3頁（大和銀行株主代表訴訟事件）……159, 160, 246
東京地判平成13・1・25金融・商事判例1141号57頁（野村證券事件）……266
最判平成15・9・12民集57巻8号973頁……234
札幌高裁平成16・9・29労働判例885号32頁（渡島信用金庫会員代表訴訟事件）……239
最判平成16・10・26民集58巻7号1921頁……66
札幌地判平成17・4・22事件番号平成14年（ワ）第2341号……219
大阪高判平成18・6・9判例タイムズ1214号115頁（ダスキン株主代表訴訟事件）……191
東京地判平成18・7・6判例タイムズ1235号286頁……155, 217

東京地判平成18・12・21判例時報1959号152頁……211
東京地判平成19・2・8判例タイムズ1262号270頁……195
岡山地判平成19・3・27判例タイムズ1280号249頁（岡山市民信用金庫事件）
　……157, 212, 221, 228, 241
最判平成20・1・28金融・商事判例1291号38頁（北海道拓殖銀行カブトデコム事件）……217
最判平成21・3・31民集63巻3号472頁……203
最決平成21・11・9刑集63巻9号1117頁（北海道拓殖銀行特別背任事件）……
　25, 155, 213, 214, 217
最判平成21・11・27金融・商事判例1342号22頁（大原町農協事件）……21, 44, 244
甲府地判平成22・11・9事件番号平成21年（ワ）第170号……213
東京地判平成22・6・30判例時報2097号144頁……226
最判平成22・7・15金融・商事判例1347号12頁（アパマンショップホールディングス事件）……154
宮崎地判平成23・3・4判例時報2115号118頁……153, 211
最判平成23・10・25民集65巻7号3114頁……224
東京高判平成23・12・7判例タイムズ1380号138頁……21, 225
最決平成24・1・31事件番号平成23年（オ）第2003号……153, 211
東京高判平成24・11・29金融・商事判例1410号8頁……250
熊本地判平成26・1・24労働判例1092号62頁（熊本信用金庫事件）……236
最判平成26・1・30金融・商事判例1439号32頁（福岡魚市場株主代表訴訟事件）……267
東京地判平成26・9・16金融・商事判例1453号44頁……100
東京地判平成26・10・30金融・商事判例1459号52頁……223
東京地判平成26・12・16金融法務事情2011号108頁……262
大阪高判平成27・5・21金融・商事判例1469号16頁……246
東京高判平成27・5・26判例時報2280号69頁……223
神戸地姫路支判平成27・12・2判例時報2351号11頁（ベネッセ顧客情報流出事件第一審）……234
大阪地決平成27・12・14金融・商事判例1483号52頁……245
最判平成28・1・12金融・商事判例〔④事件〕1483号23頁（大東京信用組合保

証債務履行請求事件)……230, 251
最判平成28・1・22金融・商事判例1490号20頁……106
最判平成28・2・19民集70巻2号123頁(山梨県民信用組合事件)……238
最決平成28・2・25事件番号平成27年(受)第1529号……246
福岡地判平成28・3・4金融・商事判例1490号44頁……263, 265
東京高判平成28・4・14金融・商事判例1491号8頁……258
大阪高判平成28・6・29判例時報2351号9頁(ベネッセ顧客情報流出事件控訴審)……234
東京地判平成28・7・14判例時報2351号69頁……158
東京高判平成28・8・3金融・商事判例1500号16頁(大東京信用組合保証債務履行請求事件差戻控訴審)……230, 251, 256
福岡高判平成28・10・4金融・商事判例1504号24頁……263, 265
東京高判平成28・11・24労働判例1153号5頁(山梨県民信用組合事件差戻審)……238
東京高判平成29・3・21判例タイムズ1443号80頁……233
最決平成29・7・11公刊物未掲載……265
最判平成29・10・23判例時報2351号7頁(ベネッセ顧客情報流出事件上告審)……233
最判平成29・12・18判例時報1690号26頁……5, 103, 158
最判平成30・2・15事件番号平成28(受)第2076号……267

■■■著者紹介■■■

岸本 寛之（きしもと　ひろゆき）
　　清和総合法律事務所代表

〈略歴〉
　2004年（平成16年）　中央大学法学部法律学科卒業
　2006年（平成18年）　明治大学大学院法務研究科法務専攻（法科大学院）
　　　　　　　　　　　専門職学位課程修了
　2006年（平成18年）　司法試験合格
　2007年（平成19年）　弁護士登録　松家法律事務所入所
　2015年（平成27年）　清和総合法律事務所設立

〈所属・公職等〉
　神奈川県弁護士会
　簡易郵便局のあり方に関する有識者会議　有識者メンバー（2013年～2014年）
　藤沢商工会議所運営委員（2017年～）

〈主要著書〉
　「信用金庫役員の職務執行の手引き～知っておきたい権限と責任～」単著
　「信用金庫役員によるガバナンス強化～職員外理事の選任・活用～」銀行法務21No.809論稿（経済法令研究会）
　「業界別・場面別　役員が知っておきたい法的責任」編共著（経済法令研究会）
　「経済刑事裁判例に学ぶ　不正予防・対応策　―法的・会計的視点から―」編共著（経済法令研究会）
　「同族会社実務大全」編共著（清文社）
　「民法成年年齢引下げが与える重大な影響」共著（清文社）
　「Q＆A　平成26年　改正会社法」共著（新日本法規）
　「Q＆A　新会社法の実務」（加除式）（新日本法規）
　「最新　取締役の実務マニュアル」（加除式）共著（新日本法規）
　「慰謝料請求事件データファイル」（加除式）共著（新日本法規）
　「借地借家紛争解決の手引」（加除式）共著（新日本法規）
　「こんなときどうする　会社役員の責任Q＆A」（加除式）共著（第一法規）

信用組合役員の職務執行の手引き
～知っておきたい権限と責任～

2018年6月15日 初版第1刷発行	著　者	岸本　寛之
	発行者	金子　幸司
	発行所	㈱経済法令研究会

〒162-8421　東京都新宿区市谷本村町3-21
電話 代表 03(3267)4811　制作 03(3267)4823
https://www.khk.co.jp/

営業所／東京03(3267)4812　大阪06(6261)2911　名古屋052(332)3511　福岡092(411)0805

カバーデザイン／小山和彦（㈱ZAP）
制作／地切　修　印刷／日本ハイコム㈱　製本／㈱ブックアート

©Hiroyuki Kishimoto 2018　Printed in Japan　　ISBN978-4-7668-2419-3

☆ **本書の内容等に関する訂正等の情報** ☆
本書の内容等につき発行後に訂正等（誤記の修正等）の必要が生じた場合には、当社ホームページに掲載いたします。
（ホームページ　書籍・定期刊行誌TOP　の下部の　追補・正誤表　）

定価はカバーに表示してあります。無断複製・転用等を禁じます。落丁・乱丁本はお取替えします。